José Antonio Gil Gómez

Programación en lenguaje C
Guía práctica de aprendizaje

edUPV

Universitat Politècnica de València

Colección Académica http://tiny.cc/edUPV_aca

Para referenciar esta publicación utilice la siguiente cita:

Gil Gómez, José Antonio. (2024). *Programación en lenguaje C: guía práctica de aprendizaje.* Valencia: edUPV.

Venta: www.lalibreria.upv.es / Ref.: 0300_05_01_01

ISBN: 978-84-1396-283-2
Depósito Legal: V-3921-2024

Maquetación: Enrique Mateo, *Triskelion Diseño Editorial*
Imprime: Byprint Percom, S. L.

Si el lector detecta algún error en el libro o bien quiere contactar con los autores, puede enviar un correo a edicion@editorial.upv.es

edUPV se compromete con la ecoimpresión y utiliza papeles de proveedores que cumplen con los estándares de sostenibilidad medioambiental, https://editorialupv.webs.upv.es/compromiso-medioambiental

Impreso en España

Presentación

1. Introducción

Bienvenidos al libro *Programación en lenguaje C: guía práctica de aprendizaje*, diseñado para ser una herramienta práctica y efectiva en tu aprendizaje del lenguaje C. Esta obra está estructurada para facilitar el desarrollo de habilidades de programación a través de una metodología basada en la resolución de problemas. Con una combinación de ejercicios prácticos y recursos complementarios, te ayudará a consolidar tus conocimientos teóricos y a aplicarlos en situaciones reales de programación.

2. Contexto teórico y metodológico

El lenguaje de programación C es uno de los más antiguos y fundamentales en el campo de la Informática. Su diseño eficiente y su capacidad para interactuar directamente con el *hardware* lo hacen ideal para sistemas operativos, *software* de alto rendimiento y aplicaciones embebidas. Aprender C no solo te dará una comprensión profunda de la programación, sino que también sentará las bases para aprender otros lenguajes modernos que derivan de él, como C++, Java, C#, Objective C o Swift.

El enfoque metodológico del libro se basa en el aprendizaje activo. Cada capítulo presenta una serie de ejercicios que cubren desde conceptos básicos hasta avanzados. Los ejercicios están diseñados para desafiarte y ayudarte a aplicar los conocimientos teóricos de manera práctica. Además, hemos incluido enlaces a vídeos de YouTube donde se resuelven los ejercicios, permitiéndote ver y comprender el proceso de pensamiento detrás de cada solución.

3. Objetivos didácticos

Este libro tiene varios objetivos didácticos:

1. *Consolidar los conceptos básicos de la programación en C*: Variables, tipos de datos, entrada y salida, estructuras de control, funciones, etc.

2. *Desarrollar habilidades prácticas de resolución de problemas*: A través de la práctica constante y la exposición a una variedad de problemas.

3. *Fomentar el pensamiento algorítmico*: Ayudándote a diseñar y analizar algoritmos efectivos y eficientes.

4. *Proporcionar recursos adicionales*: Vídeos explicativos que complementan el aprendizaje y ofrecen una perspectiva visual y detallada de la resolución de problemas.

4. Selección de problemas

La selección de problemas en este libro ha sido cuidadosamente diseñada para cubrir una amplia gama de temas y niveles de dificultad. Los ejercicios se agrupan en los siguientes capítulos:

1. *Variables, operadores y entrada/salida estándar.* Se proponen ejercicios de introducción al lenguaje C: reglas para la utilización de identificadores en lenguaje C, operadores aritméticos, relacionales y lógicos, entrada de datos por teclado y salida de datos por pantalla (entrada y salida estándar).

2. *Sentencias condicionales.* Se introducen las sentencias condicionales que permitirán variar el flujo de ejecución en lenguaje C; se incluyen ejercicios tanto con la sentencia *if...else* como con la sentencia *switch*

3. *Entrada/salida con ficheros de texto.* Se abordan los archivos o ficheros de texto, como medio para lectura de datos (entrada) o para escritura de datos (salida), mediante funciones de la librería *stdio.h* como *fprintf* o *fscanf*.

4. *Bucles.* Se incluyen conceptos y ejercicios relativos a bucles, con los tres tipos principales de sentencias de bucles que existen en C: *for, while* y *do...while.*

5. *Vectores.* Trata conceptos y ejercicios relativos a vectores, que nos permiten almacenar diferentes datos de un mismo tipo (conjunto de datos homogéneo) en una sola variable.

6. *Funciones.* Se centra en conceptos y ejercicios relativos a programación modular, que permite estructurar un programa en diferentes funciones o módulos.

7. *Búsquedas y ordenación.* La búsqueda de elementos que cumplan un determinado criterio es una operación fundamental en muchos desarrollos. La ordenación de un conjunto de valores es otra operación crítica en gran número de situaciones. Sin embargo, el ordenar un vector, especialmente el ordenarlo mediante un método eficiente, es bastante más complejo que la búsqueda de un elemento. En este capítulo se incluirán conceptos y ejercicios relacionados con ambas operaciones: búsqueda y ordenación.

8. *Cadenas de caracteres.* Las cadenas de caracteres, también conocidas por el término en inglés *string* o simplemente cadenas, se representan en C mediante vectores de caracteres. En este capítulo se abordan conceptos y ejercicios relacionados con las cadenas de caracteres, y se tratarán las principales formas que hay a la hora de trabajar con ellas.

9. *Matrices.* Los elementos que almacena un vector pueden ser, a su vez, vectores. En ese caso se habla de vectores multidimensionales. Cuando se trata de vectores cuyos elementos son vectores que contienen elementos de tipo simple, se trata de vectores bidimensionales, también conocidos como matrices bidimensionales o simplemente matrices. En este capítulo se introducen conceptos y ejercicios relacionados con las matrices y la forma de recorrerlas y manejarlas. Se incluyen también las matrices de caracteres, que tienen la particularidad de poder tratarse en muchas de las ocasiones como vectores de cadenas.

10. *Estructuras.* Este capítulo se centra en las estructuras en el lenguaje C, que son tipos de datos compuestos que permiten agrupar diferentes valores bajo un mismo nombre, facilitando la organización y manipulación de datos relacionados.

5. Uso del libro

Para sacar el máximo provecho de este libro, se recomienda seguir estos pasos:

1. *Lee y comprende el enunciado del ejercicio.* Asegúrate de entender completamente lo que se te pide antes de comenzar a implementar.
2. *Intenta resolver el ejercicio por tu cuenta.* Aplica los conceptos que has aprendido y desarrolla una solución.
3. *Consulta la solución proporcionada.* Si te quedas atascado, revisa la solución proporcionada en el libro para entender cómo se resuelve el problema.
4. *Mira el vídeo explicativo.* Accede al enlace de YouTube para ver una explicación detallada de la solución, lo que te ayudará a consolidar tu comprensión.
5. *Practica y repite.* La práctica constante es clave para dominar la programación. Repite los ejercicios y trata de modificar las soluciones para explorar diferentes enfoques.

6. Conclusión

Este libro es una guía completa y práctica para aprender y dominar el lenguaje de programación C. Con una combinación de teoría, práctica y recursos audiovisuales, te proporcionará las herramientas necesarias para convertirte en un programador competente y seguro en C. ¡Esperamos que disfrutes del proceso de aprendizaje y te beneficies enormemente de los ejercicios y recursos proporcionados!

Bibliografía complementaria

Deitel, P., & Deitel, H. (2016). *C: How to Program* (8th ed.). Pearson. ISBN: 978-0133976892.

*   Este libro es excelente para principiantes, ofreciendo una gran cantidad de ejemplos prácticos y ejercicios. También cubre aspectos avanzados del lenguaje.

Feuer, A. R. (1998). *The C Puzzle Book*. Prentice Hall. ISBN: 978-0131091221.

*   Este libro está diseñado para desafiar y fortalecer las habilidades de programación en C a través de una serie de puzles y problemas desafiantes.

Griffiths, D., & Griffiths, D. (2012). *Head First C*. O'Reilly Media. ISBN: 978-1449399917.

*   Con un enfoque visual y práctico, este libro hace que aprender C sea divertido y accesible. Es ideal para aquellos que prefieren aprender a través de ejemplos interactivos y explicaciones visuales.

Gustedt, J. (2019). *Modern C*. Manning Publications. ISBN: 978-1617295812.

*   Proporciona una visión actualizada del lenguaje, incluyendo las últimas características del estándar C11 y C18.

Kernighan, B. W., & Ritchie, D. M. (1988). *The C Programming Language* (2nd ed.). Prentice Hall. ISBN: 978-0131103627.

- Este libro es considerado la biblia de la programación en C. Escrito por los creadores del lenguaje, cubre los conceptos básicos y avanzados con ejemplos claros y concisos.

King, K. N. (2008). *C Programming: A Modern Approach* (2nd ed.). W. W. Norton & Company. ISBN: 978-0393979503

- Este libro ofrece una visión moderna y comprensiva de la programación en C, cubriendo tanto los conceptos básicos como avanzados con una gran cantidad de ejemplos prácticos.

Kochan, S. G. (2014). *Programming in C* (4th ed.). Addison-Wesley. ISBN: 978-0321776419.

- Este libro es muy accesible para principiantes y ofrece una sólida introducción al lenguaje C, junto con numerosos ejemplos y ejercicios prácticos.

Prinz, P., & Crawford, T. (2015). *C in a Nutshell* (2nd ed.). O'Reilly Media. ISBN: 978-1491904756.

- Este libro es una referencia completa del lenguaje C, ideal para consulta rápida de sintaxis y funciones estándar.

van der Linden, P. (1994). *Expert C Programming: Deep C Secrets*. Prentice Hall. ISBN: 978-0131774292.

- Para aquellos que buscan profundizar en el lenguaje C, este libro ofrece una serie de consejos y trucos avanzados, explicaciones detalladas y ejemplos prácticos.

Índice

1

Variables, operadores y entrada/salida estándar

En este capítulo se proponen ejercicios de introducción al lenguaje C: reglas para la utilización de identificadores en lenguaje C, operadores aritméticos, relacionales y lógicos, entrada de datos por teclado y salida de datos por pantalla (entrada y salida estándar).

Punto clave: *Identificadores*

Un identificador es el nombre que damos a las variables y funciones. Está formado por una secuencia de letras y dígitos, aunque también acepta el carácter de subrayado: _. Por contra no acepta las tildes (vayan o no en una letra) ni la ñ/Ñ.

El primer carácter de un identificador no puede ser un número, es decir, debe ser una letra o el símbolo _.

Se diferencian las mayúsculas de las minúsculas, así **num**, **Num** y **nuM** son distintos identificadores.

Existen una serie de indicadores reservados, con una finalidad determinada, que no podemos utilizar como identificadores. Estos indicadores se conocen como palabras reservadas o palabras clave. Algunas de estas palabras clave son:

char	int	float	double
if	else	do	while
for	switch	short	long
extern	static	register	default
sizeof	typedef	continue	break

Ejercicio 1. Identificadores

Enunciado

Indicar si son válidos o no los siguientes identificadores. En caso de que no sean válidos indicar a qué se debe.

```
Area
Valor1
iLongitud_Circulo
2Lados
_A
ValorAuxiliar
char
SegundaPosición
_Años
Char
A1B2C3
1_Medida
```

Solución

Para cada identificador, señalando la causa si no se trata de un identificador válido:

`Area`	Válido
`Valor1`	Válido
`iLongitud_Circulo`	Válido
`2Lados`	No válido: no puede empezar por un dígito
`_A`	Válido
`ValorAuxiliar`	Válido
`char`	No válido: char es una palabra reservada
`SegundaPosición`	No válido: contiene una tilde
`_Años`	No válido
`Char`	Válido
`A1B2C3`	Válido
`1_Medida`	No válido: no puede empezar por un dígito

Vídeo asociado

 Incluido como ejercicio en el vídeo *Variables en lenguaje C*.
http://tiny.cc/0300_01

Punto clave: *Operadores aritméticos*

En lenguaje C, los operadores aritméticos permiten hacer cálculos aritméticos. En función del número de operandos sobre el que actúan, los operadores pueden ser:

- *Binarios*. Actúan sobre dos operandos. Ejemplo (siendo a y b dos variables numéricas): a / b
- *Unarios*. Actúan sobre un operando. Ejemplo (siendo a una variable int): a++;

De esta forma podemos utilizar los siguientes operadores:

- *Binarios*:
    - + Suma
    - – Resta
    - * Multiplicación
    - / División (entera si ambos operandos son enteros)
    - % Resto división entera

- *Unarios*:
    - ++ Incremento (suma 1)
    - –– Decremento (resta 1)
    - – Cambio de signo

Hay que tener en cuenta la precedencia de los operadores a la hora de trabajar con ellos:

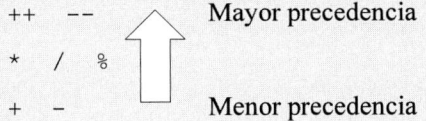

++ ––   Mayor precedencia

* / %

+ –   Menor precedencia

Las operaciones con mayor precedencia se realizan antes que las de menor precedencia. Se pueden usar paréntesis para variar la precedencia.

Ejercicio 2. Operadores aritméticos (I)

Enunciado

Indica qué resultado generarían en lenguaje C las siguientes operaciones, señalando en cada caso si se realiza una operación entera o real:

```
0.05+1
-4 + 8
10/5
11/5
11/5.0
11%5
```

Solución

Las operaciones anteriores generarían los siguientes resultados:

`0.05+1`	Operación real:	`1.05`
`-4 + 8`	Operación entera:	`4`
`10/5`	Operación entera:	`2`
`11/5`	Operación entera (por eso se trunca la parte decimal):	`2`
`11/5.0`	Operación real:	`2.2`
`11%5`	Operación entera (resto de 11 entre 5):	`1`

Vídeo asociado

 Incluido como ejemplo en el vídeo *Operadores aritméticos en lenguaje C*.
http://tiny.cc/0300_02

Ejercicio 3. Operadores aritméticos (II)

Enunciado

Indica qué mostraría por pantalla la ejecución de este código:

```c
#include <stdio.h>
int main()
{
    int a=1, b=2, c=3, r;
    r = a + b;
    printf("%d + %d = %d\n",a,b,r);
    r = c - a;
    printf("%d - %d = %d\n",c,a,r);
    b++;
    printf("b + 1 = %d",b);
    return 0;
}
```

Solución

La ejecución del código anterior mostraría por pantalla:

```
1 + 2 = 3
3 - 1 = 2
b + 1 = 3
```

Vídeo asociado

 Incluido como ejemplo en el vídeo *Operadores aritméticos en lenguaje C*.
http://tiny.cc/0300_02

Punto clave: *Operadores aritméticos unarios de autoincremento / autodecremento*

Los operadores unarios ++ y −− pueden usarse como preoperadores (delante del operando) o como postoperadores (detrás del operando). El valor que devuelven a su contexto difiere entre ambos usos:

- Como preoperador:

    ```
    <operador><variable>          Ejemplo:   ++b
    ```

    1º.- Incrementa en 1 b

    2º.- Devuelve el valor de b

- Como postoperador:

    ```
    <variable><operador>          Ejemplo:   b++
    ```

    1º.- Devuelve el valor de b

    2º.- Incrementa en 1 b

Ejercicio 4. Operadores aritméticos de autoincremento y autodecremento

Enunciado

Indica qué mostraría por pantalla la ejecución de este código:

```c
#include <stdio.h>
int main()
{
   int a=3, b=3, r1, r2;
   r1 = ++a;
   r2 = b++;

   printf("a: %d, b: %d\n",a,b);
   printf("r1: %d, r2: %d\n",r1,r2);
   return 0;
}
```

Solución

La ejecución del código anterior mostraría por pantalla:

```
a: 4, b:4
r1:4, r2:3
```

Vídeo asociado

 Incluido como ejemplo en el vídeo *Operadores aritméticos en lenguaje C*.
http://tiny.cc/0300_02

Punto clave: *Salida estándar y secuencias de escape*

La comunicación básica de un programa con su entorno (sistema operativo) para la salida de datos se realiza a través de un puerto genérico denominado salida estándar. Normalmente la salida estándar se asigna a la pantalla o monitor.

La salida de datos en C se realiza habitualmente con la función **printf**. La función printf pertenece a una librería, por tanto, es necesario incluir dicha librería en aquellos programas donde se desee utilizar. La librería que utiliza es la contenida en el fichero stdio.h, por lo que para usar la función habría que incluir en la cabecera del programa:

```
#include <stdio.h>
```

El esquema de la función printf es el siguiente:

```
printf("cadena de control", argumentos opcionales);
```

"cadena de control" es la cadena de texto que (con posibles modificaciones que dependen de los argumentos) se mostrará en pantalla. Por ejemplo, la instrucción:

```
printf("Hola mundo");
```

muestra en pantalla:

```
Hola mundo
```

En "cadena de control" pueden incluirse secuencias de escape, que es la solución para incluir caracteres no representados gráficamente. Las secuencias de escape más utilizadas son:

\n	salto de línea
\t	tabulación
\\	contrabarra
\'	comilla simple
\"	comillas dobles
\0	fin de una cadena de caracteres

Ejercicio 5. Secuencia de escape para salto de línea

Enunciado

Indica qué mostraría por pantalla la ejecución de este código:

```c
#include <stdio.h>
int main()
{
    printf("El texto se imprime siempre sin");
    printf(" cortarse,\nsalvo cuando aparece ");
    printf("el signo de\n nueva línea.");
    return 0;
}
```

Solución

La ejecución del código anterior mostraría por pantalla:

```
El texto se imprime siempre sin cortarse,
salvo cuando aparece el signo de
 nueva línea.
```

Vídeo asociado

 Incluido como ejercicio en el vídeo *Salida estándar en lenguaje C*.
http://tiny.cc/0300_03

Punto clave: *Salida estándar y caracteres de conversión*

Dentro de la "cadena de control" de la función printf se puede indicar la forma en que se mostrarán los argumentos posteriores, en caso de que los haya. En el caso de que utilicemos argumentos deberemos indicar en la cadena de formato tantos especificadores de formato como argumentos vayamos a presentar.

El especificador de formato está compuesto por el carácter % seguido por un carácter de conversión, que indica de qué tipo de dato se trata.

Los especificadores de formato más comunes son:

%c	Un único carácter.
%d	Un número entero con signo, en base decimal.
%u	Un número entero sin signo, en base decimal.
%f	Un número real en coma flotante, sin exponente.

%e	Un número real en coma flotante, con exponente.
%g	Un número real, utiliza la representación más corta entre %f y %e.
%s	Una cadena de caracteres.

De los especificadores de formato anteriores, los más utilizados son: `%c %d %f` y `%s`.

Ejercicio 6. Caracteres de conversión

Enunciado

Indica qué mostraría por pantalla la ejecución de este código:

```c
#include <stdio.h>
int main()
{
    int a=-5;
    unsigned int b=3;
    float c=20.5;
    printf("a es %d\n", a);
    printf("b es %u\n", b);
    printf("c es %e o %f\n", c, c);
    printf("a * c es %f", a*c);
    return 0;
}
```

Solución

La ejecución del código anterior mostraría por pantalla:

```
a es -5
b es 3
c es 2.050000e+001 o 20.500000
a * c es -102.500000
```

Vídeo asociado

Incluido como ejercicio en el vídeo *Salida estándar en lenguaje C*.
http://tiny.cc/0300_03

Punto clave: *Salida estándar y el formato completo de los especificadores de formato*

Los especificadores de formato, además del % y del carácter de conversión, que son obligatorios, pueden incluir otros campos opcionales.

```
%[flag][longitud][.precisión][l/L]carácter_conversión
```

Dichos campos opcionales ofrecen las siguientes posibilidades:

flag   Es un carácter que imprime signos, blancos, ...; puede haber más de un flag. Por ejemplo, el flag - ajusta a la izquierda (considerando longitud), y el flag + antepone un "+" o un "-" según el signo del número.

longitud   Especifica la longitud máxima del valor que aparece por pantalla. Si la longitud es menor que el número de dígitos del valor, éste aparecerá ajustado a la derecha (salvo que este con el flag -).

precisión   Indica el número máximo de decimales que tendrá el valor.

l/L   Se utiliza l cuando se trata de una variable de tipo long y L cuando es de tipo double.

Ejercicio 7. Especificadores de formato en salida estándar

Enunciado

Indica qué mostraría por pantalla la ejecución de este código:

```c
#include <stdio.h>
int main()
{
    printf("%f\n", 6.2517);
    printf("%.1f\n", 6.2517);
    printf("%8.5f\n", 6.2517);
    printf("%4.6f\n", 6.2517);
    printf("%7f\n", 6.2517);
    printf("%g\n", 6.2517);
    printf("%.2e\n", 6.2517);
    printf("%.5e\n", 6.2517);
    printf("%6d\n", 20);
    printf("%6d\n", 1972);
    return 0;
}
```

Solución

La ejecución del código anterior mostraría por pantalla:

```
6.251700
6.3
6.25170
6.251700
6.251700
6.2517
6.25e+000
6.25170e+000
      20
    1972
```

Vídeo asociado

 Incluido como ejercicio en el vídeo *Salida estándar en lenguaje C.*
http://tiny.cc/0300_03

Ejercicio 8. Cálculo de precios según categorías

Enunciado

En el bazar del barrio han decidido ofertar únicamente dos tipos de productos: productos *gold* (PVP 10 €) y productos *silver* (PVP 5 €).

A su vez, cada producto puede tener aplicado el IVA general (21 %) o el reducido (10 %).

Desarrollar un programa que muestre por pantalla el precio sin IVA de los productos *gold* y de los productos *silver*, según si se trata de productos con el IVA general aplicado o productos con el IVA reducido aplicado.

Ejemplo de lo que debe mostrar el programa:

```
- Productos con el IVA general:
    Productos Gold, precio sin IVA 8.26 euros.
    Productos Silver, precio sin IVA 4.13 euros.

- Productos con el IVA reducido:
    Productos Gold, precio sin IVA 9.09 euros.
    Productos Silver, precio sin IVA 4.55 euros.
```

Solución

Una buena estrategia para resolver el ejercicio sería abordar la solución dividiéndola en tres bloques principales:

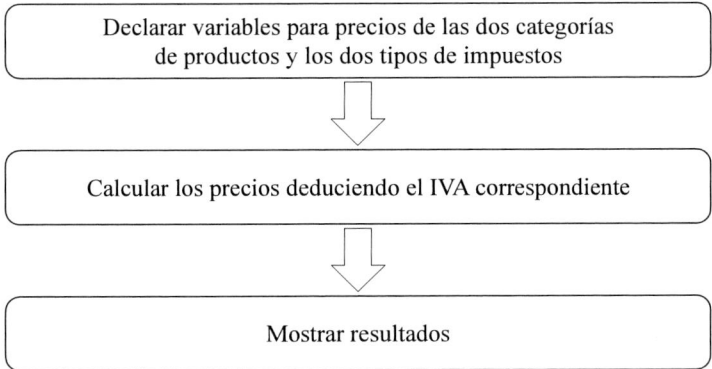

Declarar variables para precios de las dos categorías de productos y los dos tipos de impuestos

Calcular los precios deduciendo el IVA correspondiente

Mostrar resultados

De esta forma una posible solución sería la siguiente:

```c
#include <stdio.h>
int main()
{
  float goldCI = 10, silverCI = 5; /* Con Impuestos */
  float goldIG, goldIR, silverIG, silverIR; /* Precio sin IVA General/
  Reducido */
  float IVAg = 0.21, IVAr = 0.1;  /* Impuestos en tanto por uno */

  goldIG = goldCI/(1+IVAg);
  goldIR = goldCI/(1+IVAr);
  silverIG = silverCI/(1+IVAg);
  silverIR = silverCI/(1+IVAr);

  printf("- Productos con el IVA general:\n");
  printf("  Productos Gold, precio sin IVA %.2f euros.\n", goldIG);
  printf("  Productos Silver, precio sin IVA %.2f euros.\n", silverIG);

  printf("\n- Productos con el IVA reducido:\n");
  printf("  Productos Gold, precio sin IVA %.2f euros.\n", goldIR);
  printf("  Productos Silver, precio sin IVA %.2f euros.\n", silverIR);

  return 0;
}
```

A continuación, se muestra una posible solución alternativa en la que se declaran menos variables, realizándose los cálculos en las llamadas a las funciones `printf`:

```c
#include <stdio.h>
int main()
{
  float gold = 10, silver = 5;
  float IVAg = 0.21, IVAr = 0.1;

  printf("- Productos con el IVA general:\n");
  printf("   Productos Gold, precio sin IVA %.2f euros.\n", gold/
(1+IVAg));
  printf("   Productos Silver, precio sin IVA %.2f euros.\n", silver/
(1+IVAg));

  printf("\n- Productos con el IVA reducido:\n");
  printf("   Productos Gold, precio sin IVA %.2f euros.\n", gold/
(1+IVAr));
  printf("   Productos Silver, precio sin IVA %.2f euros.\n", silver/
(1+IVAr));

  return 0;
}
```

Vídeo asociado

 El vídeo *Cálculo de precios según categorías*, se dedica por completo a explicar la solución a este ejercicio.

http://tiny.cc/0300_04

Punto clave: *Entrada estándar*

La comunicación básica de un programa con su entorno (sistema operativo) para la entrada de datos se realiza habitualmente a través de un puerto genérico llamado entrada estándar (stdin). Normalmente la entrada estándar se asigna al teclado.

La entrada de datos en C se realiza habitualmente con la función **scanf**. Esta función pertenece a la librería stdio.h, por lo que para usar la función habría que incluir en la cabecera del programa:

```c
#include <stdio.h>
```

El esquema de la función scanf es el siguiente:

```
scanf("cadena de control", lista de variables);
```

La función lee unos caracteres introducidos desde el teclado, y los interpreta según un formato dado, guardando los resultados en la(s) variable(s) que recibe a partir del segundo parámetro.

La "cadena de control" indica el formato esperado en los datos que van a ser procesados.

La lista de variables indica dónde se guardarán los datos una vez interpretados.

Usualmente, la cadena de control se compondrá de una serie de especificadores de formato, y la lista de variables tendrá tantas variables como especificadores de formato haya en la cadena de control.

Para leer un valor perteneciente a cualquiera de los tipos básicos (int, float, double, char), se usa el nombre de la variable precedido por &; esto es debido a que la variable es de tipo simple, y lo que debe recibir la función es la dirección dónde almacenar el dato. Ejemplo:

```
int valor;
printf("Dame un valor entero: ");
scanf("%d",&valor);
printf("Valor introducido: %d", valor);
```

muestra en pantalla (si el usuario introduce el valor 19 —en cursiva—):

```
Introduce un valor entero: 19
Valor introducido: 19
```

Si la variable no es de tipo simple (si se trata, por ejemplo, de una cadena), no se antepone & al nombre de la variable. En el caso de las cadenas, la función scanf interpreta que la cadena leída termina cuando encuentra el primer espacio en blanco, tabulador o salto de línea en lo introducido. Ejemplo:

```
char cad[40];
printf("Dame una cadena: ");
scanf("%s", cad);
printf("Cadena introducida: %s", cad);
```

muestra en pantalla (si el usuario introduce lo indicado en cursiva):

```
Dame una cadena: Hola a todos
Cadena introducida: Hola
```

Cuando se leen varios datos de entrada, para separarlos, se interpretan espacios en blanco, tabulaciones o saltos de línea (excepto si la variable que va a guardar el valor es char). Ejemplo:

```
int entero;

float real;

printf("Dame un valor entero y otro real: ");

scanf("%d%f", &entero, &real);

printf("Valores introducidos: %d %f", entero, real);
```

muestra en pantalla (si el usuario introduce los valores en cursiva):

```
Dame un valor entero y otro real: 4 5.2

Valores introducidos: 4 5.200000
```

Ejercicio 9. Entrada de datos estándar

Enunciado

Indica qué mostraría por pantalla la ejecución de este código:

```
#include <stdio.h>
int main()
{
   char a, b, c[40];
   printf("Dame valores: ");
   /* lee carácter, carácter, cadena */
   scanf("%c%c%s", &a, &b, c);
   printf("Valores; a: %c b: %c c: %s", a, b, c);
   return 0;
}
```

Si al ejecutarlo el usuario introduce lo indicado en cursiva a continuación:

```
Dame valores: x b hola
```

Solución

Al ejecutar el código con los datos de entrada indicados, el compilador asigna los siguientes valores a las variables:

a: le asigna el carácter *x*

b: le asigna el carácter *espacio en blanco*

c: le asigna la cadena *b*

Por ello la ejecución del código anterior mostraría por pantalla:

```
Dame valores: x b hola
Valores; a: x b:   c: b
```

Vídeo asociado

 Incluido como ejercicio en el vídeo *Entrada estándar en lenguaje C*, donde además se hace una introducción a la entrada de datos estándar mediante la función scanf.

http://tiny.cc/0300_05

Punto clave: *Operadores relacionales en lenguaje C*

Los operadores relacionales se utilizan para comparar dos elementos; cada uno de estos elementos puede ser una constante o una variable. Estos operadores admiten argumentos enteros (int o char) o reales (float o double).

En lenguaje C existen seis operadores relacionales básicos:

>	Mayor que
<	Menor que
>=	Mayor o igual que
<=	Menor o igual que
==	Igual que
!=	Distinto que

Las expresiones relacionales producen un valor entero. Si la relación que indican se cumple producen un 1 (cierto), y un 0 (falso) si no se cumple.

Ejercicio 10. Operadores relacionales (I)

Enunciado

Para cada una de las expresiones relacionales enunciadas a continuación, indica si se evaluarían a cierto o a falso, y la causa de dicha evaluación.

```
4 < 5
5.7 <= 6
'x' == 'w'
v != 7 /* v es una variable int que vale 3 al llegar aquí */
```

Solución

Las expresiones relacionales enunciadas se evalúan de la siguiente forma:

`4 < 5` Se evalúa a **cierto** porque 4 es menor que 5.

`5.7 <= 6` Se evalúa a **cierto** porque 5.7 es menor que 6.

`'x' == 'w'` Se evalúa a **falso** porque los códigos ascii de los caracteres *x* y *X* son diferentes.

`v != 7` Se evalúa a **cierto** porque v vale 3 y por tanto es diferente a 7.

Vídeo asociado

 Incluido como ejemplo en el vídeo *Operadores relacionales en lenguaje C*.
http://tiny.cc/0300_06

Punto clave: *Precedencia de los operadores relacionales en lenguaje C*

Todos los operadores relacionales tienen la misma precedencia, con excepción de los operadores == y !=, que tienen menor precedencia que el resto.

En caso de haber en una expresión relacional más de un operador con la misma precedencia, la expresión se evalúa de izquierda a derecha.

Los operadores relacionales tienen menos precedencia que los operadores aritméticos.

Ejercicio 11. Operadores relacionales (II)

Enunciado

Para cada una de las expresiones relacionales enunciadas a continuación, indica si se evaluarían a cierto o a falso, y la causa de dicha evaluación.

```
27 <= 21
'4' < 'e'
'd' < -23
(4 / 5) > 0
8.05 != 8
1 =< 16
'A' == 'a'
2 == 5 / 2
(2 == 5) / 2
1 == 8 > -2
2+1 < 3%7
7 > 6 > 5
5 < 6 < 7
```

Solución

Las expresiones relacionales enunciadas se evalúan de la siguiente forma:

`27 <= 21`   Se evalúa a **falso** porque 21 es menor que 27.

`'4' < 'e'`   Se evalúa a **cierto** porque el código ascii del carácter *4* es menor que el código ascii del carácter *e* (52 < 101).

`'d' < -23`   Se evalúa a **falso** porque el código ascii del carácter *d* no es menor que -23 (los códigos ascii están entre 0 y 255, ambos incluidos).

`(4 / 5) > 0`   Se evalúa a **falso** porque 4/5 da 0 (división entera) que no es menor que 0.

`8.05 != 8`   Se evalúa a **cierto** porque 8.05 y 8 son distintos.

`1 =< 16`   Esta expresión es **errónea**, pues el operador =< no existe (debería ser >=).

`'A' == 'a'`   Se evalúa a **falso** porque el código ascii del carácter *A* es diferente del código ascii del carácter *a* (65 ≠ 97).

`2 == 5 / 2`   Se evalúa a **cierto** porque 5/2 da 2 (división entera) que es igual a 2.

`(2 == 5) / 2`   Se evalúa a **falso** porque (2==5) da 0 (falso, son diferentes) y 0 / 2 da 0.

`1 == 8 > -2`   Como el operador > tiene mayor precedencia que el operador ==, se evalúa primero 8 > -2, que da 1 (cierto, 8 es mayor que -2); después se evalúa 1 == 1 que da **cierto** (son iguales).

`2 + 1 < 3 % 7`   Atendiendo a la precedencia de los operadores, se evalúa primero %, luego + y por último <. 3%7 da 3 (resto de la división entera de 3 entre 7) mientras que 2+1 da 3 (suma de 2 y 1); por último 3 < 3 se evalúa a **falso** porque 3 no es menor que 3.

`7 > 6 > 5`   Se evalúa primero 7 > 6 (más a la izquierda) que da 1 (cierto, 7 es mayor que 6); luego se evalúa 1 > 6 que da **falso** porque 1 no es mayor que 6.

`5 < 6 < 7`   Se evalúa primero 5 < 6 (más a la izquierda) que da 1 (cierto, 5 es menor que 6); luego se evalúa 1 < 7 que da **cierto** porque 1 es menor que 7.

Vídeo asociado

 Incluido como ejemplo en el vídeo *Operadores relacionales en lenguaje C*.
http://tiny.cc/0300_06

Punto clave: *Operadores lógicos en lenguaje C*

Existen tres operadores lógicos en lenguaje C, dos de ellos binarios y uno unario:

- *Binarios*:

&&   operador AND (Y lógico). Devuelve 1 (cierto) si los dos operandos son ciertos, y devuelve 0 (falso) en caso contrario.

|| operador OR (O lógico). Devuelve 0 (falso) si los dos operandos son falsos, y devuelve 1 (cierto) en caso contrario.

- *Unarios*:

! operador NOT (negación lógica). Devuelve 1 (cierto) si el operando sobre el que actúa es falso (0), y devuelve 0 (falso) en caso contrario.

Hay que tener en cuenta la precedencia de los operadores a la hora de trabajar con ellos:

! Mayor precedencia

&&

|| Menor precedencia

El operador ! tiene mayor precedencia que los operadores relacionales, mientras que los operadores && y || tienen menor precedencia que los operadores relacionales. Se pueden usar paréntesis para variar la precedencia.

Ejercicio 12. Operadores lógicos

Enunciado

Para cada una de las expresiones enunciadas a continuación, indica el resultado que generarían.

```
!(9 > 2)
!(!(9 > 2))
(1 > 7) || (3 <= 41)
(!(9 > 8)) || (6 > 9)
(9 >= 8) && (4 == 4)
(8 >= 9) && (4 == 4)
(4.3 < 72) && (7 > 222)
```

Solución

Las expresiones enunciadas generan los siguientes resultados:

`!(9 > 2)`	0
`!(!(9 > 2))`	1
`(1 > 7) || (3 <= 41)`	1
`(!(9 > 8)) || (6 > 9)`	0
`(9 >= 8) && (4 == 4)`	1
`(8 >= 9) && (4 == 4)`	0
`(4.3 < 72) && (7 > 222)`	0

Vídeo asociado

 Incluido como ejemplo en el vídeo *Operadores lógicos en lenguaje C*, tras una introducción detallada a estos operadores.

http://tiny.cc/0300_07

2

Sentencias condicionales

En este capítulo se introducen las sentencias condicionales que permitirán variar el flujo de ejecución en lenguaje C. Por ello se incluyen ejercicios tanto con la sentencia if...else como con la sentencia switch.

Punto clave: *Sentencia if...else*

La sentencia if / if...else permite variar el flujo de ejecución de un programa. El flujo dependerá del valor de una expresión, distinguiéndose la sentencia simple y la sentencia doble.

Sentencia simple (if): dado el siguiente pseudocódigo que incluye una sentencia if:

```
instrucción X;
if (condición)
     cuerpo del if
instrucción Y;
```

El funcionamiento de la sentencia simple *if* se ve reflejado en el siguiente diagrama:

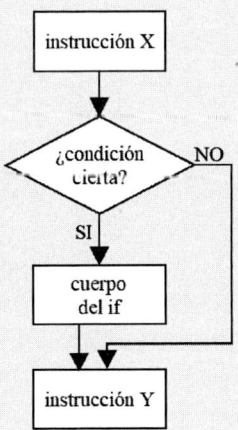

Es decir, si la condición es cierta, se ejecuta lo siguiente:

```
instrucción X;

cuerpo del if

instrucción Y;
```

Si la condición es falsa, se ejecuta esto:

```
instrucción X;

instrucción Y;
```

Sentencia doble (if...else): dado el siguiente pseudocódigo que incluye una sentencia if... else:

```
instrucción X;

if (condición)

    cuerpo del if

else

    cuerpo del else

instrucción Y;
```

El funcionamiento de la sentencia doble *if...else* se ve reflejado en el siguiente diagrama:

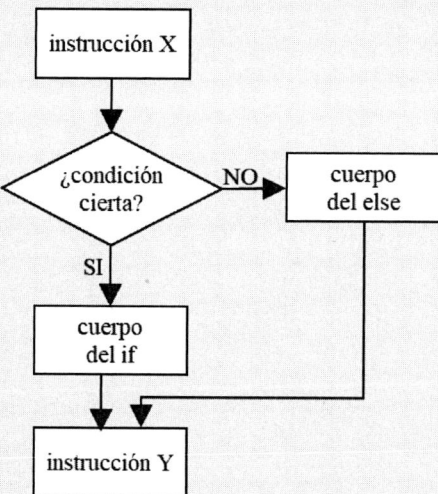

Es decir, si la condición es cierta, se ejecuta el cuerpo del if, mientras que si la condición es falsa se ejecuta el cuerpo del else. En este caso siempre se ejecuta uno, y sólo uno, de los dos cuerpos.

Ejercicio 13. Sentencia if…else

Enunciado

Indicar si los dos programas enunciados a continuación generan los mismos resultados para cualquier posible valor de la variable a. Si no fueran equivalentes, indica un caso en el que no se comporten igual.

```
/* Programa A */
#include <stdio.h>
int main()
{
   int a;
   printf("a: ");
   scanf("%d", &a);
   if (a>0)
      printf("A");
   else if (a<0)
      printf("B");
   printf("C");
   return 0;
}
```

```
/* Programa B */
#include <stdio.h>
int main()
{
   int a;
   printf("a: ");
   scanf("%d", &a);
   if (a>0)
      printf("A");
   else
      printf("B");
   printf("C");
   return 0;
}
```

Solución

Los dos programas no generan los mismos resultados para cualquier posible valor de la variable a.

Cuando a la variable a se le da el valor 0, el programa A muestra por pantalla lo siguiente:

```
a:  0
C
```

Mientras que en ese caso el programa B muestra lo siguiente:

```
a:  0
BC
```

Vídeo asociado

 Incluido como ejercicio en el vídeo *Sentencia 'if... else' en lenguaje C.*
http://tiny.cc/0300_08

Punto clave: *Anidar sentencias if...else*

Es posible anidar sentencias if...else:

```
if (condiciónA)
        sentencia1;
else if (condiciónB)
        sentencia2;
else if (condiciónC)
        sentencia3;
else
        sentencia4;
```

En este caso se ejecuta una, y sólo una, de las sentencias.

Ejercicio 14. Anidar sentencias if...else

Enunciado

Realiza un programa que pida al usuario cuántos trabajos tiene y muestre un mensaje en función de este número:

     - Si el número es negativo: "Error".

     - Si no tiene ningún trabajo: "Ponte a buscar".

- Si tiene un trabajo: "Enhorabuena".

- Si tiene dos trabajos o más: "Eres pluriempleado".

Solución

Una posible solución anidando sentencias if…else sería la siguiente:

```c
#include <stdio.h>
int main()
{
    int Trab;
    printf("Dime cuantos trabajos tienes\n");
    scanf("%d", &Trab);
    if (Trab < 0)
        printf("Error");
    else if (Trab == 0)
        printf("Ponte a buscar");
    else if (Trab == 1)
        printf("Enhorabuena");
    else
        printf("Eres pluriempleado");
    return 0;
}
```

Nótese que en el último else no es necesario incluir una sentencia if que compruebe si Trab es mayor o igual a 2, puesto que si llega a ese else es porque no se cumple ninguna de las condiciones anteriores: no es menor que 0, no es igual a 0 y no es igual a 1, luego debe ser mayor o igual a 2, ya que es un valor entero.

Vídeo asociado

 Incluido como ejercicio en el vídeo *Sentencia 'if… else' en lenguaje C*.
http://tiny.cc/0300_08

Ejercicio 15. Cálculo precio del billete

Enunciado

La agencia de viajes Willy Fog necesita un programa que, en función del precio base de un billete y de si el cliente es nacional o no, indique el precio final del billete.

Para ello hay que tener en cuenta que, si el cliente es nacional, al precio base hay que sumarle el IVA (21 %), mientras que si no es nacional, no hay que sumarle nada.

Ejemplo de cómo debe comportarse el programa si el cliente es nacional:
```
Precio del billete: 104.5
Cliente nacional (1) o no nacional(0): 1

El precio final es 126.45 euros.
```

Ejemplo de cómo debe comportarse el programa si el cliente no es nacional:
```
Precio del billete: 104.5
Cliente nacional (1) o no nacional (0): 0

El precio final es 104.5 euros.
```

Solución

Una posible solución sería la siguiente:
```c
#include <stdio.h>
int main()
{
    float precio, IVA = 0.21;
    int nacional;

    printf("Precio del billete: ");
    scanf("%f", &precio);
    printf("Cliente nacional (1) o no nacional (0): ");
    scanf("%d", &nacional);

    if (nacional == 1)
        precio *= (1+IVA);

    printf("\nEl precio final es  %.2f euros.\n", precio);

    return 0;
}
```

Destacar lo siguiente en el código anterior:
- Hay que poner & delante de la variable en el scanf.
- Hay que usar == en el if para comparar.
- La instrucción **precio *= (1+IVA);** equivale a: **precio = precio * (1+IVA);**

Es posible mejorar la solución anterior para contemplar el caso en que el usuario se equivoque y ponga un código distinto de 0 o 1 en la variable *nacional*. Una posible solución que considerase esa posibilidad sería la siguiente:

```c
#include <stdio.h>
int main()
{
    float precio, IVA = 0.21;
    int nacional;

    printf("Precio del billete: ");
    scanf("%f", &precio);
    printf("Cliente nacional (1) o no nacional (0): ");
    scanf("%d", &nacional);

    if (nacional == 1)
        printf("\nEl precio final es  %.2f euros.\n", precio*(1+IVA));
    else if (nacional == 0)
        printf("\nEl precio final es  %.2f euros.\n", precio);
    else
        printf("\nError, código de cliente no válido.");

    return 0;
}
```

Vídeo asociado

 El vídeo *Cálculo precio billete*, se dedica por completo a explicar la solución a este ejercicio, tras un breve repaso de los principales conceptos teóricos que se utilizan en la resolución.

http://tiny.cc/0300_09

Punto clave: *Cuerpo de if...else con más de una instrucción*

Cuando en el cuerpo del if o en el cuerpo del else hay sólo una instrucción, esta puede ir o no entre llaves, *{ }*, pero si hay más de una instrucción, éstas deben ir encerradas obligatoriamente entre llaves.

Ejercicio 16. Resolución de ecuaciones de segundo grado

Enunciado

Una ecuación de segundo grado de una incógnita es una ecuación que tiene la forma de una suma algebraica de términos cuyo máximo grado es dos.

La expresión general de una ecuación de este tipo es:

$$ax^2+bx+c=0 \quad \text{para a} \neq 0$$

Siendo **x** la incógnita y **a**, **b** y **c** términos conocidos.

Teniendo en cuenta lo anterior, desarrollar un programa que pida al usuario los términos conocidos de una ecuación de segundo grado de una incógnita y calcule las soluciones de dicha ecuación a partir de los términos introducidos.

En la resolución del ejercicio hay que recordar que para una ecuación de segundo grado con una incógnita, existen una o dos soluciones. Las soluciones pueden ser reales o complejas.

La fórmula general para la obtención de las soluciones es:

$$x = \frac{-b \pm \sqrt{b^2 - 4ac}}{2a}$$

En la fórmula anterior se caracteriza el discriminante (D) como la parte que está dentro de la raíz cuadrada:

$$D = b^2 - 4ac$$

Según el valor de este discriminante se podrán distinguir tres casos:

D > 0.   Hay dos soluciones reales:

$$\frac{-b + \sqrt{D}}{2a} \qquad \frac{-b - \sqrt{D}}{2a}$$

D = 0.   Hay una solución real:

$$\frac{-b}{2a}$$

D < 0.   Hay dos soluciones complejas:

$$\frac{-b}{2a} + \frac{\sqrt{-D}}{2a}i \qquad \frac{-b}{2a} - \frac{\sqrt{-D}}{2a}i$$

Ejemplo de cómo debe comportarse el programa una vez desarrollado, en el caso en que solo haya una solución:

```
Ecuaciones de segundo grado

    2
ax + bx + c = 0
```

```
Introduce valor de a: 1
Introduce valor de b: 2
Introduce valor de c: 1
Sol.: -1.00
```

Ejemplo de cómo debe comportarse el programa, en el caso en que haya dos soluciones reales:

```
Ecuaciones de segundo grado

  2
ax + bx + c = 0

Introduce valor de a: -1
Introduce valor de b: 4
Introduce valor de c: 0.25
Sol. 1: -0.06
Sol. 2: 4.06
```

Ejemplo de cómo debe comportarse el programa, en el caso en que haya dos soluciones complejas:

```
Ecuaciones de segundo grado

  2
ax + bx + c = 0

Introduce valor de a: 2
Introduce valor de b: -4
Introduce valor de c: 10.5
Sol. 1: 1.00+2.06 i
Sol. 2: 1.00-2.06 i
```

Solución

Se planteará la resolución del ejercicio dividiendo el programa en dos bloques principales:

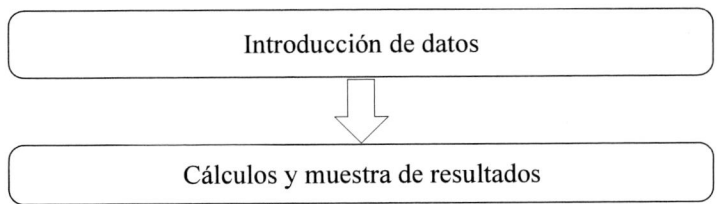

Introducción de datos. Se deben pedir los términos conocidos al usuario, mostrando previamente los mensajes adecuados:

```
float a, b, c;
printf("\nEcuaciones de segundo grado\n\n");
printf("  2\n");
printf("ax + bx + c = 0\n\n");
printf("Introduce valor de a: ");
scanf("%f", &a);
printf("Introduce valor de b: ");
scanf("%f", &b);
printf("Introduce valor de c: ");
scanf("%f", &c);
```

Cálculos y muestra de resultados. Una buena opción es calcular el discriminante (D) y a partir de ahí distinguir los 3 posibles casos vistos en el enunciado (que el discriminante sea 0, mayor que 0 o menor que 0):

```
D=b*b-(4*a*c);
if (D==0)
   printf("Sol.: %.2f\n", -b/(2*a));
else if (D>0) {
   printf("Sol. 1: %.2f\n", (-b+sqrt(D))/(2*a));
   printf("Sol. 2: %.2f\n", (-b-sqrt(D))/(2*a));
}
else { /* D<0 */
   printf("Sol. 1: %.2f+%.2f i\n",-b/(2*a),(sqrt(-D))/(2*a));
   printf("Sol. 2: %.2f-%.2f i\n",-b/(2*a),(sqrt(-D))/(2*a));
}
```

Considerando lo anterior, el programa completo quedaría así:

```
#include <stdio.h>
#include <math.h>
int main()
{
   float a, b, c, D;

   printf("\nEcuaciones de segundo grado\n\n");
   printf("  2\n");
```

```
   printf("ax + bx + c = 0\n\n");
   printf("Introduce valor de a: ");
   scanf("%f", &a);
   printf("Introduce valor de b: ");
   scanf("%f", &b);
   printf("Introduce valor de c: ");
   scanf("%f", &c);

   D=b*b-(4*a*c);
   if (D==0)
      printf("Sol.: %.2f\n", -b/(2*a));
   else if (D>0) {
      printf("Sol. 1: %.2f\n", (-b+sqrt(D))/(2*a));
      printf("Sol. 2: %.2f\n", (-b-sqrt(D))/(2*a));
   }
   else { /* D<0 */
      printf("Sol. 1: %.2f+%.2f i\n",-b/(2*a),(sqrt(-D))/(2*a));
      printf("Sol. 2: %.2f-%.2f i\n",-b/(2*a),(sqrt(-D))/(2*a));
   }
   return 0;
}
```

Nótese que en la solución propuesta se incluye la librería *math.h*, necesaria para poder utilizar la función *sqrt*, que devuelve la raíz cuadrada del número que recibe como parámetro.

Vídeo asociado

 El vídeo *Resolución de ecuaciones de segundo grado en C*, explica por completo la resolución de este ejercicio.

http://tiny.cc/0300_10

Punto clave: *Sentencia switch*

La sentencia switch se utiliza para ejecutar un código u otro en función del valor de una expresión. La expresión ha de ser de tipo entero, es decir *int* o *char*.

El código a ejecutar tras un switch es el que hay tras la etiqueta (case) cuyo valor coincide con el de la expresión, y acaba cuando se encuentra una instrucción break o se termina el bloque switch.

Cuando en ninguna etiqueta hay un valor coincidente con el de la expresión es posible añadir una etiqueta default que sería la que se ejecutaría en este caso.

La sentencia switch se puede utilizar en múltiples contextos, siendo su utilización en menús de opciones uno de los usos más habituales.

Su sintaxis es la siguiente:

```
instrucción 1;

switch (expresión_entera){
        case etiq1: instrucciones
                    break;  /* opcional */
        case etiq2: instrucciones
                    break;  /* opcional */
        ...
        default: instrucciones /* opcional */
        }
instrucción 2;
```

Ejercicio 17. Mitad, doble o triple de un valor con sentencia switch

Enunciado

Desarrollar un programa —utilizando la sentencia switch— que pida un número entero al usuario, mostrando luego un menú en el que pueda elegir si desea ver la mitad, el doble o triple del valor introducido, actuando luego en función de la opción elegida.

Ejemplo de funcionamiento (en cursiva lo introducido por el usuario):

```
Dame un valor entero: 21
Opciones de cálculo sobre el valor:
1. Mitad
2. Doble
3. Triple
¿Opción?: 2
Resultado: 42
```

Solución

Para solventar el ejercicio se han de pedir dos enteros al usuario (el valor sobre el que se operará y la opción) y evaluar mediante un switch la opción introducida para mostrar un cálculo u otro:

```c
#include <stdio.h>
int main()
{
    int valor, opc;
    printf("Dame un valor entero: ");
    scanf("%d", &valor);
    printf("Opciones de cálculo sobre el valor:\n");
    printf("1. Mitad\n2. Doble\n3. Triple\n¿Opción?: ");
    scanf("%d", &opc);
    switch (opc)
    {
        case 1:
            printf("Resultado: %.1f", valor/2.0);
            break;
        case 2:
            printf("Resultado: %d", valor*2);
            break;
        case 3:
            printf("Resultado: %d", valor*3);
            break;
        default:
            printf("Opción incorrecta");
    }

    return 0;
}
```

Vídeo asociado

 Incluido como ejemplo en el vídeo *Sentencia 'switch' en lenguaje C*.
http://tiny.cc/0300_11

Punto clave: *Multiopción en sentencias switch*

Se puede conseguir que un mismo código se ejecute cuando la expresión coincida con más de una etiqueta. Para ello se prescinde de break:

```
instrucción 1;

switch (expresión_entera){

        case etiq1:

        case etiq2: instrucciones A

                    break;

        ...

        default: instrucciones B

        }

    instrucción 2;
```

En el caso anterior el bloque *instrucciones A* se ejecutaría si el valor de *expresión_entera* es *etiq1* o *etiq2*.

Ejercicio 18. Impuesto por vehículos

Enunciado

El ayuntamiento de Casas de Juan Núñez pretende recaudar un impuesto en función del número de vehículos que tiene cada habitante.

El importe del impuesto será de 50 € si la persona tiene 1 vehículo, 100 € si tiene 2 o 3 vehículos y 150 € si tiene más de 3 vehículos. El impuesto será de 0 € si la persona no tiene vehículos.

Desarrollar un programa que, sin utilizar la instrucción condicional if, calcule el importe del impuesto correctamente.

Ejemplo de funcionamiento (en cursiva lo introducido por el usuario):

```
¿Cuántos vehículos tiene?: 3
Impuesto a pagar: 100 euros
```

Solución

Para solventar el ejercicio se ha de pedir el número de vehículos al usuario y evaluar mediante un switch la opción introducida para asignar un valor u otro a imp, que será la variable donde se guardará el importe del impuesto. Las etiquetas *case 2* y *case 3* habilitan la ejecución del mismo código, *imp = 100;*

```c
#include <stdio.h>
int main()
{
    int vehic, imp;
    printf("¿Cuántos vehículos tiene?: ");
    scanf("%d", &vehic);
    switch (vehic)
    {
        case 0:
            imp = 0;
            break;
        case 1:
            imp = 50;
            break;
        case 2:
        case 3:
            imp = 100;
            break;
        default:
            imp = 150;
    }
    printf("Impuesto a pagar: %d euros\n", imp);

    return 0;
}
```

Vídeo asociado

 Incluido como ejemplo en el vídeo *Sentencia 'switch' en lenguaje C*.
http://tiny.cc/0300_11

Punto clave: *Errores más comunes en sentencias condicionales*

Al trabajar con sentencias condicionales, como if...else y switch, hay una serie de errores que se producen con frecuencia cuando se está aprendiendo su uso. Entre estos errores cabe distinguir los siguientes:

- *Valor numérico en un intervalo.* A la hora de resolver un problema, en ocasiones es necesario comprobar si un valor numérico es mayor que un valor dado y menor que otro valor.

Supongamos que x es una variable numérica y queremos evaluar si vale más de 100 pero menos de 1000. Podríamos optar por esta alternativa, que sería sintácticamente correcta:

```
if (100 < x < 1000)
    ...
```

Sin embargo, la alternativa anterior sería semánticamente incorrecta, y puede producir un resultado inadecuado para ciertos valores de v. Para conseguir lo indicado correctamente habría que utilizar el operador lógico Y:

```
if (100 < x && x < 1000)
    ...
```

- *Comprobar si una variable equivale a un valor determinado.* A la hora de comprobar en una sentencia if si dos valores numéricos son iguales (por ejemplo, si una variable entera es igual a un valor constante entero) hay que tener cuidado con el operador que se utiliza: debe utilizarse el operador de comparación == y no el operador de asignación =.

- *Comprobar si una variable tiene un valor igual o superior a un valor determinado.* Cuando se necesita comprobar si una variable numérica tiene un valor igual o superior a un valor determinado, hay que utilizar correctamente el operador relacional correspondiente. De esta forma sería incorrecto lo siguiente:

```
if (v => 5)
```

Debiéndose indicar de la siguiente forma:

```
if (v >= 5)
```

Lo indicado es extrapolable al operador <=.

- *Sentencias con más de una instrucción.* Cuando la sentencia a ejecutar en un if o en un else tiene más de una instrucción, es obligatorio encerrar dichas instrucciones entre llaves, { }.

- *Uso de ; con sentencias condicionales.* La condición de una sentencia if va siempre entre paréntesis, ( ), pero no hay que poner ; tras el paréntesis de cierre, pues con ello estaríamos indicando que la sentencia a ejecutar si se cumple la condición es vacía.

- *Expresiones a evaluar en sentencias switch.* Recordar que las sentencias switch únicamente permiten evaluar expresiones enteras. En caso de evaluar un valor real se produciría un error de compilación.

Ejercicio 19. Valor numérico en un intervalo

Enunciado

Indica qué mostraría por pantalla el siguiente código:

```c
#include <stdio.h>
int main()
{
    int v;
    v = 5;
    if (4 < v < 9)
        printf("CIERTO\n");
    else
        printf("FALSO\n");

    v = 1;
    if (4 < v < 9)
        printf("CIERTO\n");
    else
        printf("FALSO\n");

    v = 15;
    if (4 < v < 9)
        printf("CIERTO\n");
    else
        printf("FALSO\n");
    return 0;
}
```

Solución

La ejecución del código anterior mostraría por pantalla:

```
CIERTO
CIERTO
CIERTO
```

Para justificar ese resultado se verá el caso del segundo if: se llega con un valor de 1 en v, sin embargo, la condición (4 < v < 9) se evalúa a cierto. Esto se debe a que el compilador evalúa en primer lugar 4<v, es decir, evalúa 4<1 (v vale 1); la evaluación de 4<1 produce un 0, pues es falso que 4 sea menor que 1. Tras lo anterior el compilador evalúa 0<9, lo cual es cierto, por ello la condición del if se evalúa a cierta.

De forma similar se evalúan las condiciones en las otras dos sentencias if del código; de forma general la condición (4 < v < 9) se evalúa siempre a cierto, pues la primera parte, 4<v, siempre produce un resultado de 0 o 1, con lo que siempre es menor que 9.

Vídeo asociado

 Incluido como ejemplo en el vídeo *Errores más comunes en sentencias condicionales en lenguaje C.*

http://tiny.cc/0300_12

Ejercicio 20. Comprobar si una variable equivale a un valor determinado

Enunciado

Dado el siguiente código:

```
...
  if (v = 5)
    printf("Vale 5");
  else
    printf("No vale 5");
...
```

Indica para qué valores de v mostrará por pantalla el mensaje "Vale 5" y para qué valores de v mostrará por pantalla el mensaje "No vale 5"

Solución

El código anterior mostraría siempre por pantalla "Vale 5". Ello se debe a que se está utilizando el operador de asignación, =, en lugar del operador de comparación, ==. Al usar el operador de asignación, lo que hace el compilador es asignar a v el valor 5 (con lo que se pierde el valor que tuviera), y en la condición del if se evalúa el valor asignado (es decir, 5), por lo que siempre se evalúa a cierta (recordar que cualquier valor distinto a 0 se evalúa siempre a cierto).

Vídeo asociado

 Incluido como ejemplo en el vídeo *Errores más comunes en sentencias condicionales en lenguaje C.*

http://tiny.cc/0300_12

Ejercicio 21. Sentencias con más de una instrucción

Enunciado

Indica qué mostraría por pantalla el siguiente código:

```c
#include <stdio.h>
int main()
{
    int edad;
    edad = 16;
    if (edad >= 18)
        printf("Eres mayor de edad.\n");
        printf("Puedes votar");

    return 0;
}
```

Solución

El código anterior mostraría por pantalla "Puedes votar". Ello se debe a que la instrucción *printf("Puedes votar");* está fuera del bloque de instrucciones a ejecutar cuando se cumple la condición del if.

Si se pretende que dicha instrucción se ejecute sólo cuando se cumpla la condición del if, en el programa se deberían haber usado llaves, *{ }*:

```c
#include <stdio.h>
int main()
{
    int edad;
    edad = 16;
    if (edad >= 18)
    {
        printf("Eres mayor de edad.\n");
        printf("Puedes votar");
    }
    return 0;
}
```

Vídeo asociado

Incluido como ejemplo en el vídeo *Errores más comunes en sentencias condicionales en lenguaje C.*

http://tiny.cc/0300_12

Ejercicio 22. Uso de ; con sentencias condicionales

Enunciado

Indica qué mostraría por pantalla el siguiente código:

```c
#include <stdio.h>
int main()
{
    int edad;
    edad = 16;
    if (edad >= 18);
        printf("Puedes votar");

    return 0;
}
```

Solución

El código anterior mostraría siempre por pantalla "Puedes votar", independientemente del valor de la variable *edad* al llegar al if. Ello se debe a que se ha puesto un ; tras la condición del if.

Si se pretende que el programa muestre el mensaje solo cuando edad sea igual o mayor que 18, hay que eliminar dicho ; tras la condición:

```c
#include <stdio.h>
int main()
{
    int edad;
    edad = 16;
    if (edad >= 18)
        printf("Puedes votar");

    return 0;
}
```

Vídeo asociado

Incluido como ejemplo en el vídeo *Errores más comunes en sentencias condicionales en lenguaje C.*

http://tiny.cc/0300_12

Ejercicio 23. Cálculo del precio de una entrada (sin comprobación de mes)

Enunciado

Para calcular el precio de una entrada al parque de atracciones TotalFun, se necesitan conocer dos datos: la edad del visitante y el mes para el que se compra la entrada.

El precio de la entrada al parque sin descuento es de 35 €, excepto en los meses de junio, julio, agosto y septiembre, en que tiene un coste de 42.50 €.

Si el visitante es menor de 18 años o tiene al menos 65 años se le cobra un precio por la entrada de 25 €, independientemente del mes en que se produzca la visita.

Desarrolla un programa que pida los datos necesarios y muestre por pantalla el precio de la entrada. No hay que comprobar posibles errores en la introducción de datos.

Ejemplo de funcionamiento 1 (en cursiva lo introducido por el usuario):

```
Edad del visitante: 27
Mes de la visita: 7


Precio de la entrada: 42.50 euros.
```

Ejemplo de funcionamiento 2 (en cursiva lo introducido por el usuario):

```
Edad del visitante: 43
Mes de la visita: 11


Precio de la entrada: 35.00 euros.
```

Ejemplo de funcionamiento 3 (en cursiva lo introducido por el usuario):

```
Edad del visitante: 14


Precio de la entrada: 25.00 euros.
```

Nótese que en el ejemplo de funcionamiento anterior no se pide el mes pues, al tratarse de un visitante de 14 años, el precio de la entrada es el mismo todo el año.

Solución

Una posible solución sería la siguiente:

```c
#include <stdio.h>
int main()
{
    float precio = 35; /* precio estándar */
```

```
int edad, mes;

printf("\nEdad del visitante: ");
scanf("%d", &edad);

/* Edad con descuento */
if (edad<18 || edad>=65)
  precio = 25;
else
{
  printf("Mes de la visita: ");
  scanf("%d", &mes);
  if (mes>5 && mes<10)
    precio = 42.5;
}

printf("\nPrecio de la entrada: %.2f euros.\n", precio);
return 0;
}
```

Hay que tener cuidado con los operadores lógicos que se utilizan: en el primer if hay que usar un O lógico (||), mientras que en el segundo if se trata de un Y lógico (&&).

Al anidar la petición del mes en el cuerpo del else, evitamos que dicha petición tenga lugar si se entra en el primer if, es decir, si el usuario tiene menos de 18 años o si tiene 65 años o más.

Más adelante se desarrolla un ejercicio variación de éste en el que se requiere que el mes introducido sea correcto (entre 1 y 12), repitiéndose la petición en otro caso tantas veces como sea necesario.

Vídeo asociado

 En el vídeo *Cálculo de precio de entrada* se realiza una breve introducción a los operadores lógicos para, a continuación, resolver este ejercicio.

http://tiny.cc/0300_13

Punto clave: *Caracteres en lenguaje C, tipo de datos char*

En lenguaje C el tipo de datos char sirve para trabajar con caracteres. Internamente un dato de tipo char se almacena como un entero, por ello estos datos pueden utilizarse en situaciones donde tienen cabida enteros (como en sentencias switch).

El entero almacenado y que representa a un carácter dado es el código ASCII (*American Standard Code for Information Interchange*) correspondiente. Se utilizan concretamente los códigos de la tabla ASCII extendida, que relaciona valores entre 0 y 255 con diferentes caracteres, desde letras o dígitos hasta caracteres especiales y símbolos.

		52	4	68	D	84	T	100	d
37	%	53	5	69	E	85	U	101	e
38	&	54	6	70	F	86	V	102	f
39	'	55	7	71	G	87	W	103	g
40	(	56	8	72	H	88	X	104	h
41	)	57	9	73	I	89	Y	105	i
42	*	58	:	74	J	90	Z	106	j
43	+	59	;	75	K	91	[	107	k
44	,	60	<	76	L	92	\	108	l
45	-	61	=	77	M	93	]	109	m
46	.	62	>	78	N	94	^	110	n
47	/	63	?	79	O	95	_	111	o
48	0	64	@	80	P	96	`	112	p
49	1	65	A	81	Q	97	a	113	q
50	2	66	B	82	R	98	b	114	r
51	3	67	C	83	S	99	c		...

En la tabla ASCII los códigos de las letras mayúsculas (exceptuando letras con tildes y Ñ) se encuentran consecutivos, siguiendo un orden alfabético, y lo mismo ocurre con los códigos de las letras minúsculas (exceptuando igualmente letras con tildes y ñ):

Si se quiere asignar a una variable char un carácter, este debe ir entre comillas simples:

```
char v = 'A'; /* guarda en v un 65 (código del carácter A) */
```

Ejercicio 24. Comprobar si un carácter es una vocal

Enunciado

Desarrolla un programa que pida un carácter al usuario e indique por pantalla si se trata de una vocal o no.

En caso de que se trate de una vocal debe indicar además si es una vocal en mayúsculas o en minúsculas.

Se asume que el usuario no introducirá vocales con tilde.

Ejemplo de funcionamiento 1 (en cursiva lo introducido por el usuario):

```
Carácter: i
Es una vocal minúscula.
```

Ejemplo de funcionamiento 2 (en cursiva lo introducido por el usuario):

```
Carácter: +
No es una vocal.
```

Ejemplo de funcionamiento 3 (en cursiva lo introducido por el usuario):

```
Carácter: k
No es una vocal.
```

Ejemplo de funcionamiento 4 (en cursiva lo introducido por el usuario):

```
Carácter: A
Es una vocal mayúscula.
```

Desarrolla dos soluciones: una utilizando sentencias if…else y otra utilizando una sentencia switch.

Solución

Una posible solución utilizando sentencias if…else sería la siguiente:

```c
int main()
{
   char c;

   printf("Carácter: ");
   scanf("%c", &c);

   if (c=='a' || c=='e' || c=='i' || c=='o' || c=='u')
      printf("Es una vocal minúscula.");
   else if (c=='A' || c=='E' || c=='I' || c=='O' || c=='U')
      printf("Es una vocal mayúscula.");
   else
      printf("No es una vocal.");

   return 0;
}
```

Nótese lo siguiente:

- Si se introduce una vocal acentuada (por ejemplo, á), el código mostrará por pantalla "No es una vocal." ya que no se cumple ninguna de las condiciones de los if (el código de á es diferente al del carácter 'a').

- No olvidar el doble igual (==) en las comparaciones, ya que estamos comparando.

- Hay que indicar los caracteres constantes entre comillas simples ('a'), no entre comillas dobles, " ",

Utilizando una sentencia switch en vez de sentencias if...else se podría desarrollar la siguiente solución:

```c
int main()
{
    char c;
    printf("Carácter: ");
    scanf("%c", &c);

    switch (c) {
        case 'a':
        case 'e':
        case 'i':
        case 'o':
        case 'u':   printf("Es una vocal minúscula.");
                    break;
        case 'A':
        case 'E':
        case 'I':
        case 'O':
        case 'U':   printf("Es una vocal mayúscula.");
                    break;
        default:    printf("No es una vocal.");
    }
    return 0;
}
```

En el código anterior es interesante fijarse en esto:

- La sentencia switch solo permite evaluar enteros; en este caso es posible poner switch (c) porque la variable es de tipo char, y se interpreta como entero.

- En el momento que se cumple una etiqueta de un case se ejecuta todo el código que hay a continuación, aunque esté dentro de otra etiqueta case , hasta que se termina el switch o se encuentra un break; la solución sirve como un buen ejemplo de multiopción en sentencias switch.

- Si la línea:

```
case 'A':
```

la cambiamos por esta línea:

```
case 65:
```

el código sigue comportándose exactamente igual, porque el código ASCII correspondiente al carácter A es el 65.

Vídeo asociado

 En el vídeo *Comprobar si un carácter es una vocal* se realiza una breve introducción al tipo de datos char para, a continuación, resolver el ejercicio de las dos formas: en primer lugar, con sentencias if…else y después mediante una sentencia switch.

http://tiny.cc/0300_14

3

Entrada/salida
con ficheros de texto

En este capítulo se introducen los archivos o ficheros de texto, como medio para lectura de datos (entrada) o para escritura de datos (salida). Los ficheros se manejarán mediante funciones de la librería stdio.h como fprintf o fscanf.

Punto clave: *Ficheros de texto*

Un archivo o fichero representa conjunto de datos almacenado en un dispositivo de almacenamiento como puede ser un disco duro, un pendrive o un DVD.

Pueden tener un contenido muy variado, desde programas hasta todo tipo de datos en cualquier formato (textos, gráficos, ...).

Los ficheros se identifican por su nombre, extensión y la carpeta donde se encuentra. La extensión de un fichero, generalmente indica qué tipo de fichero es.

Los ficheros de texto son un tipo especial de fichero que se caracteriza por estar compuestos únicamente de texto sin formato, de forma que generalmente pueden ser interpretados por una persona. Los ficheros de texto suelen llevar extensión txt, aunque podrían llevar cualquier otra extensión.

Todos los ficheros terminan en un carácter especial que indica el final del fichero: EOF (end of file). El carácter no es visible, pero puede permitir en un momento dado saber cuando se ha alcanzado el final del fichero.

Procedimiento de trabajo con ficheros en lenguaje C.

Generalmente, se suceden cuatro fases cuando se trabaja con ficheros en lenguaje C:

1. Definir una variable de tipo fichero (declaración del fichero).

2. Abrir el fichero (asociar variable con fichero físico).

3. Operar con el fichero (leer del fichero o escribir al fichero).

4. Cerrar el fichero.

1. Definir una variable de tipo fichero (declaración del fichero).

El tipo fichero se especifica así: FILE *

Por lo que la declaración de una variable de tipo fichero sería así:

```
FILE *f;
```

En caso de declarar más de una variable hay que poner el * delante de cada identificador:

```
FILE *f1, *f2;
```

2. Abrir el fichero (asociar variable con fichero físico).

Una variable de tipo fichero se enlaza con un fichero en particular mediante la función fopen, que tiene esta sintaxis:

variable_fichero = fopen (nombre_fichero, modo);

El primer parámetro de la función, nombre_fichero, es una cadena de caracteres indicando el nombre completo del fichero y, opcionalmente, la ruta del mismo. Ejemplos:

"a.txt": en este caso se está abriendo el fichero a.txt que está en la carpeta actual.

"C:\\temp\\datos.txt": en este caso se está abriendo el fichero datos.txt que está en la carpeta temp de la unidad C: .

El segundo parámetro, modo, indica el uso al que se va a destinar el fichero. Estos son los modos más frecuentes de apertura de ficheros, indicándose también qué ocurre al abrir un fichero según si existe o no.

Modo	Operación	Si el fichero existe...	Si el fichero no existe...
"r"	Lectura	Se abre sin problemas	Error
"w"	Escritura	Borra el contenido	Crea el fichero
"a"	Añadir	Se abre sin borrar nada	Crea el fichero

Un ejemplo de apertura de fichero, suponiendo declarada la variable f1 (FILE *f1;), sería:

```
f1 = fopen("datos.txt", "r");
```

Con la instrucción anterior se realiza la apertura -para leer datos- del fichero datos.txt que está en la carpeta actual.

Se puede producir un error en la apertura del fichero (tanto si se abre para leer datos como si se abre para escribir datos); en ese caso, en la variable de tipo fichero se guarda el valor NULL. Esto es muy útil para comprobar estos errores en tiempos de ejecución:

```
FILE *f1;

f1 = fopen("datos.txt", "r");

if (f1 == NULL)

    printf("Error");
```

3. *Operar con el fichero (leer del fichero o escribir al fichero).*

En función de cómo se haya abierto el fichero se escribirá o se leerá en él:

```
fprintf(f2,"%d+%d =%d\n",a,b,a+b); /* escritura en fichero */

fscanf(f1,"%d",&a); /* lectura de fichero*/
```

Se podrán realizar tantas operaciones de E/S como sea oportuno.

4. *Cerrar el fichero.*

El cierre del fichero se realiza igual independientemente del modo de apertura. Ejemplo (suponiendo que f es una variable declarada de tipo fichero y que se ha utilizado para abrir un fichero con fopen):

```
fclose(f);
```

Todas las funciones indicadas, y el tipo FILE, pertenecen a la librería stdio.h, por lo que es necesario incluir dicha librería para utilizarlos.

Ejercicio 25. Escritura en fichero de los cinco primeros enteros positivos

Enunciado

Desarrollar un programa que cree un fichero de nombre *datos.txt* escribiendo en el mismo los cinco primeros números enteros positivos.

Una vez ejecutado el programa, en la carpeta donde se está dicho programa, debe encontrarse un fichero de texto, *datos.txt*, con el siguiente contenido:

1 2 3 4 5

Solución

El siguiente código permitiría conseguir lo pedido en el enunciado:

```
#include <stdio.h>
int main()
{
    FILE *f1;
    f1 = fopen("datos.txt", "w");
    fprintf(f1, "1 2 3 ");
```

```
fprintf(f1, "4 5");
fclose(f1);
return 0;
}
```

Se han incluido dos líneas con fprintf para ilustrar que es posible realizar tantas acciones de escritura como se necesite. Por supuesto, esas dos líneas:

```
fprintf(f1, "1 2 3 ");
fprintf(f1, "4 5");
```

se podrían sustituir por la siguiente línea:

```
fprintf(f1, "1 2 3 4 5");
```

En la solución propuesta se pueden distinguir las cuatro fases que se suceden cuando se trabaja con ficheros en lenguaje C:

1. Definir una variable de tipo fichero (declaración del fichero):

```
FILE *f1;
```

2. Abrir el fichero (asociar variable con fichero físico); como se pide escribir en fichero, la apertura se realiza en modo "w":

```
f1 = fopen("datos.txt", "w");
```

3. Operar con el fichero; en este caso escribir al fichero:

```
fprintf(f1, "1 2 3 ");
fprintf(f1, "4 5");
```

4. Cerrar el fichero:

```
fclose(f1);
```

Vídeo asociado

 En el vídeo *Ficheros en lenguaje C* se realiza una introducción a ficheros y a cómo manejarlos en lenguaje C, concluyendo con un ejemplo donde se trata el ejercicio propuesto.

http://tiny.cc/0300_15

Punto clave: *Modos básicos de apertura de ficheros de texto* **para escritura**

Existen dos modos básicos de apertura de un fichero de texto para escribir en él:

- Apertura en modo *"w"*, reescritura de datos. Si se abre el fichero en este modo y dicho fichero ya existía, se borra todo el contenido del fichero, con lo que se pierden los datos que tuviera. Si el fichero no existía, se crea vacío.

- Apertura en modo *"a"*, añadir datos. En este modo, si el fichero ya existía, se respeta su contenido, y los nuevos datos que se escriban se colocan a continuación de lo que ya estaba almacenado. Al igual que en la apertura en modo "w", si el fichero no existía se crea vacío.

Algunos ejemplos de apertura de ficheros para escritura, suponiendo declaradas las variables f2 y f3 (`FILE * *f2, *f3;`):

- Apertura —para escribir datos— del fichero datos2.txt que está en la carpeta prueba de la unidad C: ; si el fichero ya existía, esta acción borraría el contenido que tuviera, escribiendo los nuevos datos en un fichero vacío.

    ```
    f2 = fopen("C:\\prueba\\datos2.txt", "w");
    ```

- Apertura —para añadir datos— del fichero datos3 (con extensión vacía) que está en la carpeta actual; si el fichero ya existía, esta acción mantendría el contenido que tuviera, escribiendo los nuevos datos a continuación de los previamente existentes.

    ```
    f3 = fopen("datos3", "a");
    ```

En cualquiera de los dos modos de apertura para escritura se puede utilizar la función *fprintf* (de la librería *stdio.h*) para escribir los datos en el fichero.

Ejercicio 26. Guardar en fichero datos de temperaturas (sobreescribiendo)

Enunciado

Realizar un programa que pida al usuario una fecha (día y mes), y la temperatura media de dicho día.

A continuación, el programa guardará esos datos en el fichero *temperaturas.txt*, creándolo en el caso de que no exista o sobreescribiéndolo si existía.

Guardará los tres datos (mes, día y temperatura) en la misma línea del fichero, en este formato:

```
mes dia temperatura (dos decimales)
```

Ejemplo de funcionamiento; al ejecutarlo debería mostrar algo así por pantalla (en cursiva lo introducido por el usuario):

```
Dame el dia: 20
Dame el mes: 11
Dame la temperatura: 12.5
```

y dicha ejecución generaría un fichero llamado *temperaturas.txt* con el siguiente contenido:

```
11 20 12.50
```

Solución

Posible estrategia para resolver el ejercicio: el ejercicio tiene tres partes principales diferenciadas:

      1. Apertura del fichero (con validación)

      2. Petición de datos por teclado

      3. Escritura en fichero y cierre del mismo

Veamos en detalle cada una de esas tres partes:

1. Apertura del fichero (con validación)

    Definir una variable de tipo fichero (FILE *)

```
FILE *f;
```

    Abrir el fichero en el modo adecuado

```
f=fopen("temperaturas.txt", "w");
```

    Comprobar que la apertura fue correcta

```
if (f==NULL) {
    printf("Error abriendo fichero");
    return 0;
}
```

2. Petición de datos por teclado

    Definir variables para guardar datos

```
int mes, dia;
float temp;
```

    Mostrar mensaje / leer dato para día, mes y temperatura

```
printf("Dame el día: ");
scanf("%d", &dia);
printf("Dame el mes: ");
scanf("%d", &mes);
printf("Dame la temperatura: ");
scanf("%f", &temp);
```

3. Escritura en fichero y cierre del mismo

    Escritura en fichero.

```
fprintf(f,"%d %d %.2f", mes, dia, temp);
```

    Cerrar el fichero

```
fclose(f);
```

Solución completa

Juntando adecuadamente las tres partes, una posible solución completa sería esta:

```c
#include <stdio.h>
int main()
{
   int mes, dia;
   float temp;
   FILE *f;

   f=fopen("temperaturas.txt", "w");

   if (f==NULL) {
      printf("Error abriendo fichero");
      return 0;
   }

   printf("Dame el día: ");
   scanf("%d", &dia);
   printf("Dame el mes: ");
   scanf("%d", &mes);
   printf("Dame la temperatura: ");
   scanf("%f", &temp);

   fprintf(f,"%d %d %.2f", mes, dia, temp);

   fclose(f);

   return 0;
}
```

Vídeo asociado

En el vídeo *Guardar en fichero datos de temperaturas* se realiza una introducción a escritura en ficheros y se resuelve el ejercicio propuesto en la primera mitad del vídeo.

http://tiny.cc/0300_16

Ejercicio 27. Guardar en fichero datos de temperaturas (añadiendo)

Enunciado

Realizar un programa que pida al usuario una fecha (día y mes), y la temperatura media de dicho día.

A continuación, el programa guardará esos datos en el fichero *temperaturas.txt*. Si el fichero no existe, lo creará, pero si el fichero existe, el programa debe respetar el contenido del mismo, añadiendo los datos en una nueva línea a continuación de lo existente.

Guardará los tres datos (mes, día y temperatura) en la misma línea del fichero, en este formato:

```
mes dia temperatura (dos decimales)
```

Ejemplo de funcionamiento. Supongamos que el fichero *temperaturas.txt* existe y tiene este contenido:

```
11 20 12.50
6 6 26.00
1 25 9.25
```

al desarrollar el ejercicio y ejecutarlo debería mostrar algo así por pantalla (en cursiva lo introducido por el usuario):

```
Dame el dia: 17
Dame el mes: 3
Dame la temperatura: 18.9
```

y dicha ejecución modificaría el fichero *temperaturas.txt*, que pasaría a tener el siguiente contenido:

```
11 20 12.50
6 6 26.00
1 25 9.25
3 17 18.9
```

Nota: El ejercicio es una variación del ejercicio *Guardar en fichero datos de temperaturas (sobreescribiendo)*; es posible partir de la solución a dicho ejercicio, realizando las modificaciones oportunas en el mismo para el nuevo supuesto.

Solución

La estrategia para resolver el ejercicio es similar a la utilizada en el ejercicio *Guardar en fichero datos de temperaturas (sobreescribiendo)*, pero hay dos modificaciones importantes:

- La apertura del fichero debe hacerse en modo añadir ("a"), en vez de en modo sobreescribir ("w"):

```
f=fopen("temperaturas.txt", "a");
```

- Al escribir en el fichero hay que añadir un salto de línea:

```
fprintf(f,"%d %d %.2f\n", mes, dia, temp);
```

Si no se añade dicho salto de línea, el fichero resultante puede tener el siguiente aspecto tras ejecutar cuatro veces el programa con datos similares a los utilizados en el enunciado:

11 20 12.506 6 26.001 25 9.253 17 18.9

Es decir, todos los datos se añadirían en una misma línea, aunque fueran de distintas ejecuciones:

11 20 12.50|6 6 26.00|1 25 9.25|3 17 18.9

    1ª ejec.   2ª ejec. 3ª ejec. 4ª ejec.

Solución completa

Con las modificaciones indicadas, una posible solución completa sería esta:

```c
#include <stdio.h>
int main()
{
    int mes, dia;
    float temp;
    FILE *f;

    f=fopen("temperaturas.txt", "a");

    if (f==NULL) {
        printf("Error abriendo fichero");
        return 0;
    }

    printf("Dame el día: ");
    scanf("%d", &dia);
    printf("Dame el mes: ");
    scanf("%d", &mes);
    printf("Dame la temperatura: ");
    scanf("%f", &temp);

    fprintf(f,"%d %d %.2f\n", mes, dia, temp);

    fclose(f);
    return 0;
}
```

Vídeo asociado

 En el vídeo *Guardar en fichero datos de temperaturas* se resuelve el ejercicio propuesto en la parte final del vídeo.

http://tiny.cc/0300_16

Punto clave: *Reutilización de variables de tipo fichero*

Una variable de tipo fichero (*FILE **) se puede utilizar para enlazar (abrir) tantos ficheros como queramos (o un mismo fichero más de una vez); la única condición para reutilizar una variable de este tipo es haber cerrado (*fclose*) el fichero con el que se había enlazado previamente.

Ejercicio 28. Cálculo del número de días entre dos fechas sobre ficheros

Enunciado

Desarrollar un programa que calcule en número de días que hay entre dos fechas. Las dos fechas están en un fichero de texto (*fechas.txt*) y el resultado del cálculo debe guardarlo en otro fichero de texto (*dias.txt*).

Para simplificar el problema, se puede asumir que los años son de 365 días y los meses de 30 días.

Ejemplo de funcionamiento. Supongamos que el fichero *fechas.txt* tiene este contenido:

```
25 1 2004
17 3 2011
```

al desarrollar el ejercicio y ejecutarlo debería generar el fichero *dias.txt*, con el siguiente contenido:

```
2607 días
```

Solución

Una posible estrategia para resolver el ejercicio se podría basar en tres partes principales diferenciadas:

1. Lectura de datos desde fichero

2. Cálculos

3. Escritura de resultado en fichero

Veamos en detalle cada una de esas tres partes:

1. Lectura de datos desde fichero

En esta parte se declararán en primer lugar las variables necesarias, incluyendo una variable de tipo fichero (FILE *) para enlazar con el fichero de lectura (fechas.txt):

```
FILE *f;
int d1, m1, a1, d2, m2, a2;
```

A continuación, se abre el fichero fechas.txt en modo lectura:

```
f = fopen("fechas.txt", "r} ");
if (f==NULL) {
   printf("Error abriendo fichero");
   return -1;
}
```

Luego hay que leer del fichero las dos líneas que tiene (una fecha en cada línea):

```
fscanf(f,"%d%d%d", &d1, &m1, &a1);
fscanf(f,"%d%d%d", &d2, &m2, &a2);
```

Por último, hay que cerrar el fichero cuando ya no se va a operar con él:

```
fclose(f);
```

2. Cálculos

Una estrategia muy simple consiste en ver cuantos días han pasado desde el inicio de la era hasta cada fecha.

Por ejemplo, si la fecha es 20 11 1972:

```
(1972 x 365) + ((11-1) x 30) + (20) = 720100 días
```

Luego tan solo hará falta restar los días de la segunda fecha menos los de la primera:

```
25 1 2004 -> 731485 días
17 3 2011 -> 734092 días
734092 - 731485 = 2607 días
```

Para los cálculos se pueden usar dos variables enteras, dias1 y dias2, que deberán declararse, y se inicializarán así:

```
dias1 = (a1*365)+(m1-1)*30+d1;
dias2 = (a2*365)+(m2-1)*30+d2;
```

La resta se puede hacer en el momento de escribir el resultado.

3. Escritura de resultado en fichero

Hay que seguir un esquema similar a la lectura. Para enlazar el fichero de escritura, se puede utilizar la misma variable FILE * si el fichero de lectura ya lo hemos cerrado.

```
f = fopen("dias.txt", "w");
if (f==NULL) {
   printf("Error abriendo fichero");
   return -1;
}
fprintf(f,"%d días", dias2-dias1);
fclose(f);
```

Solución completa

Uniendo todas las partes indicadas, una posible solución completa sería esta:

```c
#include <stdio.h>
int main()
{
   FILE *f;
   int d1, m1, a1, d2, m2, a2, dias1, dias2;

   /* Lectura de datos */
   f = fopen("fechas.txt", "r");
   if (f==NULL) {
      printf("Error abriendo fichero");
      return -1;
   }
   fscanf(f,"%d%d%d", &d1, &m1, &a1);
   fscanf(f,"%d%d%d", &d2, &m2, &a2);
   fclose(f);

   /* Cálculos */
   dias1 = (a1*365)+(m1-1)*30+d1;
   dias2 = (a2*365)+(m2-1)*30+d2;

   /* Escritura de resultados */
   f = fopen("dias.txt", "w");
   if (f==NULL) {
      printf("Error abriendo fichero");
      return -1;
   }
   fprintf(f,"%d días", dias2-dias1);
   fclose(f);

   return 0;
}
```

Entre las múltiples soluciones alternativas, se podría plantear una solución con un solo *fscanf*, y realizando los cálculos en la operación de escritura:

```c
#include <stdio.h>
int main()
{
    /* Declaración de variables */
    FILE *f;
    int d1, m1, a1, d2, m2, a2;

    /* Lectura de datos */
    f = fopen("fechas.txt", "r");
    if (f==NULL) {
        printf("Error abriendo fichero");
        return -1;
    }
    fscanf(f,"%d%d%d%d%d%d", &d1, &m1, &a1, &d2, &m2, &a2);
    fclose(f);

    /* Escritura de resultados y Cálculos */
    f = fopen("dias.txt", "w");
    if (f==NULL) {
        printf("Error abriendo fichero");
        return -1;
    }
    fprintf(f,"%d días",
((a2*365)+(m2-1)*30+d2)-((a1*365)+(m1-1)*30+d1));
    fclose(f);

    return 0;
}
```

Vídeo asociado

 El vídeo *Cálculo del número de días entre dos fechas sobre ficheros* se dedica por completo a resolver este ejercicio.

http://tiny.cc/0300_17

4

Bucles

En este capítulo se incluirán conceptos y ejercicios relativos a bucles. Los bucles se utilizan para repetir un bloque de código mientras se cumpla una condición específica. La instrucción o el bloque de instrucciones que se repiten en un bucle se denomina el *cuerpo del bucle*. Cada repetición completa de un bucle se denomina *iteración*.

En lenguaje C se usan tres tipos de bucles: bucles *while*, bucles *do...while* y bucles *for*; todos ellos se incluyen en este capítulo.

Punto clave: *Bucles while*

La sentencia *while* permite implementar repeticiones condicionales: mientras la condición sea cierta se ejecutará el cuerpo del bucle. La condición se comprueba antes de cada iteración.

Su sintaxis es la siguiente:

```
while (condición)
  cuerpo del bucle
```

Cuando en el cuerpo del bucle hay solo una instrucción, esta puede ir o no entre llaves, { }; pero si hay más de una instrucción, estas deben ir encerradas obligatoriamente entre llaves.

Dado un bucle while similar a este:

```
while (condición) {
    cuerpo del bucle

}
instrucción X;
```

José Antonio Gil Gómez

El funcionamiento de la sentencia *while* se ve reflejado en el siguiente diagrama:

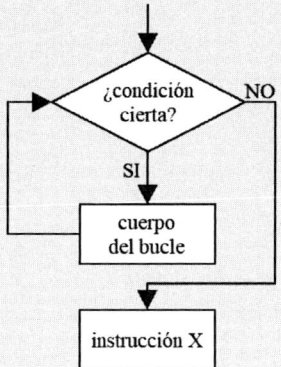

Del diagrama anterior se deduce que el número mínimo de iteraciones en un bucle while será *0*.

Ejercicio 29. Mostrar por pantalla los tres primeros enteros positivos

Enunciado

Desarrollar un programa que muestre por pantalla los tres primeros números enteros positivos, seguido del mensaje "FIN". Debe utilizarse un bucle while, que realizará tres iteraciones, y dentro del mismo será donde se escribirá en pantalla cada número.

Una vez ejecutado el programa, por pantalla se mostrará lo siguiente:

```
1
2
3
FIN
```

Solución

El siguiente código permitiría conseguir lo pedido en el enunciado:

```
#include <stdio.h>
int main()
{
   int i = 1;
   while (i <= 3)
   {
      printf("%d\n", i);
      i++;
```

```
    }
    printf("FIN");
    return 0;
}
```

A la hora de ejecutar el código anterior ocurre lo siguiente:

```
Pone en i el valor 1
¿Es i <= 3? SI: ejecuta el cuerpo del bucle (1ª iteración)
    Muestra el valor de i (1)
    Aumenta i en 1: pasa a valer 2
¿Es i <= 3? SI: ejecuta el cuerpo del bucle (2ª iteración)
    Muestra el valor de i (2)
    Aumenta i en 1: pasa a valer 3
¿Es i <= 3? SI: ejecuta el cuerpo del bucle (3ª iteración)
    Muestra el valor de i (3)
    Aumenta i en 1: pasa a valer 4
¿Es i <= 3? NO: continúa tras el cuerpo del bucle
Muestra FIN
```

Vídeo asociado

 En el vídeo *Implementación de bucles en C con while* se realiza una introducción a los bucles en general y a los bucles while en particular, desarrollándose a continuación este ejercicio como primer ejemplo.

http://tiny.cc/0300_18

Punto clave: *Uso de ; tras la condición en bucles while*

La colocación de ; tras la condición de una sentencia *while* es sintácticamente correcta, pero hay que evitarla pues con ello indicamos al compilador que el cuerpo del bucle es vacío.

De esta forma el siguiente código:

```
#include <stdio.h>
int main(){
    int i = 1;
    while (i <= 3);
    {
        printf("%d\n", i);
```

```
            i++;
        }
    printf("FIN");
    return 0;
}
```

Compilaría correctamente, pero al ejecutar el programa este se metería en un bucle sin fin, al no modificarse la variable i en ningún lugar del bucle:

```
Pone en i el valor 1

¿Es i <= 3? SI (i vale 1): ejecuta el cuerpo vacío del bucle

¿Es i <= 3? SI (i vale 1): ejecuta el cuerpo vacío del bucle

¿Es i <= 3? SI (i vale 1): ejecuta el cuerpo vacío del bucle

...
```

Ejercicio 30. Mostrar múltiplos de tres en intervalo introducido por el usuario

Enunciado

Desarrollar un programa que muestre por pantalla los múltiplos de tres entre dos valores introducidos por el usuario, hasta un máximo de cinco números.

Ejemplo de funcionamiento 1 (en cursiva lo introducido por el usuario): hay al menos 5 múltiplos en el intervalo.

```
Límite inferior: 14
Límite superior: 68
15
18
21
24
27
```

Ejemplo de funcionamiento 2 (en cursiva lo introducido por el usuario): hay múltiplos de 3 en el intervalo, pero son menos de 5.

```
Límite inferior: 10
Límite superior: 20
12
15
18
```

Ejemplo de funcionamiento 3 (en cursiva lo introducido por el usuario): no hay múltiplos de 3 en el intervalo.

```
Límite inferior: 50
Límite superior: 30
```

Solución

El siguiente código permitiría conseguir lo pedido en el enunciado:

```c
#include <stdio.h>
int main()
{
    int i, inf, sup, total;
    printf("Límite inferior: ");
    scanf("%d", &inf);
    printf("Límite superior: ");
    scanf("%d", &sup);
    i=inf;
    total = 0;
    while (i <= sup && total < 5) {
        if (i%3 == 0) {
            printf("%d\n", i);
            total++;
        }
        i++;
    }
    return 0;
}
```

En el código anterior la condición del while es compuesta (mediante el operador lógico Y) ya que se continuarán mostrando múltiplos de 3 sólo si se cumplen dos condiciones:

- Que no se ha superado el límite superior del intervalo (`i <= sup`).
- Que se han mostrado menos de 5 múltiplos (`total < 5`).

Vídeo asociado

En el vídeo *Implementación de bucles en C con while* se desarrolla este ejercicio como ejemplo en la parte final del vídeo.

http://tiny.cc/0300_18

Ejercicio 31. Sumatorio de un número indeterminado de valores

Enunciado

Desarrollar un programa que permita calcular el sumatorio de un número indeterminado de valores enteros positivos introducidos por el usuario desde teclado.

Cuando el usuario quiera dejar de introducir valores para el sumatorio lo indicará introduciendo el valor 0.

Debe reconocer como error la introducción de valores negativos, indicándolo apropiadamente por pantalla.

Ejemplo de funcionamiento (en cursiva lo introducido por el usuario):

```
Introduce los valores (0 para terminar):
12
28
-3
Error: número negativo

5
0

Sumatorio de los valores: 45
```

Solución

Una buena opción sería plantear una estrategia como esta para solventar el ejercicio:

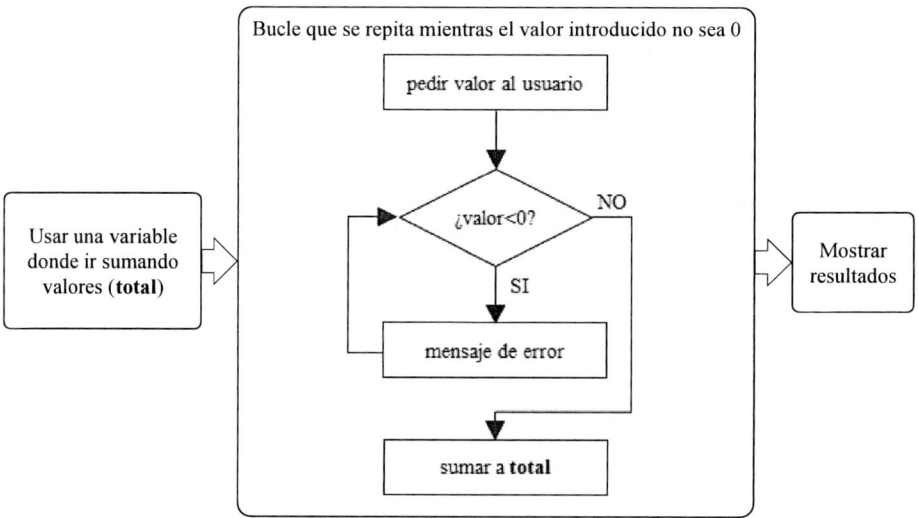

Partiendo de dicha estrategia, el siguiente código permitiría conseguir lo pedido en el enunciado:

```
#include <stdio.h>

int main()

{

   int total=0, valor=1;

   printf("\nIntroduce los valores (0 para terminar):\n");
   while (valor != 0) {
      scanf("%d", &valor);
      if (valor<0)
         printf("Error: número negativo\n\n");
      else
         total += valor;
   }

   printf("\nSumatorio de los valores: %d\n", total);

   return 0;

}
```

En el código hay que fijarse especialmente en que hay que inicializar la variable *valor* con un valor distinto a 0, para que entre la primera vez en el while.

Vídeo asociado

 En la primera parte del vídeo *Sumatorio de un número indeterminado de valores* se desarrolla este ejercicio.

http://tiny.cc/0300_19

Ejercicio 32. Sumatorio y media de un número indeterminado de valores

Enunciado

Desarrollar un programa que permita calcular el sumatorio y la media de un número indeterminado de valores enteros positivos introducidos por el usuario desde teclado.

Cuando el usuario quiera dejar de introducir valores para el sumatorio lo indicará introduciendo el valor 0.

Debe reconocer como error la introducción de valores negativos, indicándolo apropiadamente por pantalla.

José Antonio Gil Gómez

Ejemplo de funcionamiento (en cursiva lo introducido por el usuario):

```
Introduce los valores (0 para terminar):
9
-1
Error: número negativo

15
7
10
0

Sumatorio de los valores: 41
Media: 10.25
```

Nota: El ejercicio es una variación del ejercicio *Sumatorio de un número indeterminado de valores*; es posible partir de la solución a dicho ejercicio, realizando las modificaciones oportunas en el mismo para el nuevo supuesto.

Solución

Para poder calcular la media, además del sumatorio de los valores, se necesita conocer también cuántos valores hay; por ello, en la solución, se utilizará una variable que cuente el total de valores correctos introducidos.

Teniendo esta idea clara, el siguiente código permitiría conseguir lo pedido en el enunciado:

```c
#include <stdio.h>
int main()
{
    int total=0, valor=1, cantidad = 0;

    printf("\nIntroduce los valores (0 para terminar):\n");
    while (valor!=0) {
        scanf("%d", &valor);
        if (valor<0)
            printf("Error: número negativo\n\n");
        else if (valor>0) {
            total += valor;
            cantidad = cantidad + 1;
        }
    }
```

```
printf("\nSumatorio de los valores: %d\n", total);
printf("\nMedia: %.2f\n", (float)total/cantidad);


return 0;
}
```

En el código hay que prestar especial atención a la siguiente instrucción:

```
printf("\nMedia: %.2f\n", (float)total/cantidad);
```

En la instrucción anterior, la media se calcula como el cociente entre el sumatorio de los valores y el total de valores, pero ambos términos son enteros con lo que, por defecto, se llevará a cabo la división entera por lo que se perderá la parte decimal del resultado.

Para evitar este problema, debe hacerse la división real; para ello bastará con indicar al compilador que interprete como real alguno de los dos operandos. Anteponiendo *(float)* a uno de los operandos (en este caso al numerador), conseguimos que dicho operando se interprete como de tipo float y que se haga la división real.

Otro aspecto a destacar, no considerado en la solución planteada, sería la posibilidad de que no se introdujeran valores válidos. En este caso se presentaría un problema, pues la variable cantidad saldría del bucle con un valor de 0, con lo que la división para calcular la media daría problemas.

Si se quiere controlar ese posible error habría que cambiar la instrucción:

```
printf("\nMedia: %.2f\n", (float)total/cantidad);
```

por el código siguiente:

```
if (cantidad>0)
    printf("\nMedia: %.2f\n", (float)total/cantidad);
else
    printf("\nNo se calcula la media por falta de valores\n");
```

Vídeo asociado

En la parte final del vídeo *Sumatorio de un número indeterminado de valores* se desarrolla este ejercicio.

http://tiny.cc/0300_19

Punto clave: *Lectura completa de un fichero de tamaño desconocido a priori*

La sentencia *while*, en conjunción con la función *fscanf*, nos permite leer ficheros en su totalidad de una forma cómoda.

Para ello hay que tener en cuenta que se leerá el fichero mientras fscanf no devuelva EOF (fin de fichero).

```
/* k es una variable char */

while (fscanf(fic, "%c", &k) != EOF)

    ...
```

En la instrucción anterior se lee el fichero carácter a carácter.

Si el fichero tuviera únicamente valores enteros, se podría leer por completo, valor a valor, de la siguiente forma:

```
/* x es una variable int */

while (fscanf(fic, "%d", &x) != EOF)

    ...
```

Si el fichero contiene un número indeterminado de líneas, pero todas las líneas tienen el mismo formato, una buena opción es leer con cada fscanf todos los valores de una línea. Por ejemplo, si se trata de un fichero con 3 valores numéricos en cada línea (el primero entero y los otros dos reales), una buena alternativa sería esta:

```
/* a es una variable int, b y c son variables float */

while (fscanf(fic, "%d%f%f", &a, &b, &c) != EOF)

    ...
```

En el código anterior, el bucle *while* completaría tantas iteraciones como líneas tenga el fichero. Dentro del cuerpo del bucle se tratarían *a*, *b* y *c* como corresponda, en función del problema a resolver.

Ejercicio 33. Cálculo de cantidades a partir de los datos de un fichero

Enunciado

En el fichero *C:\notas.txt* se guardan las calificaciones numéricas de los alumnos de una asignatura. Un ejemplo del posible contenido de dicho fichero es el siguiente:

5.6

4.2

8.9

0.2

6.2

9.9

3.1

7.7

5.3

A priori se desconoce el total de calificaciones guardadas en el fichero.

Considerando lo anterior, se pide desarrollar un programa que procese un fichero como el indicado y muestre por pantalla la cantidad de alumnos suspendidos, aprobados, con notable o con sobresaliente; el programa deberá indicar igualmente cuántas notas erróneas hay en el fichero.

De esta forma el programa mostrará:

- Total suspendidos: alumnos con nota mayor o igual a 0 y menor que 5.
- Total aprobados: alumnos con nota mayor o igual a 5 y menor que 7.
- Total notables: alumnos con nota mayor o igual a 7 y menor que 9.
- Total sobresalientes: alumnos con nota mayor o igual a 9 y menor o igual a 10.
- Total erróneas: total de calificaciones menores a 0 o mayores a 10.

Una vez desarrollado el programa, si se ejecuta con un fichero de contenido similar al mostrado anteriormente, deberá mostrar por pantalla el siguiente resultado:

```
Suspendidos: 3
Aprobados: 3
Notables: 2
Sobresalientes: 1
Notas erróneas: 0
```

Solución

La estrategia principal para solventar el ejercicio pasaría por procesar todo el fichero, dato a dato:

```
...
FILE *f;
...
while (fscanf(f, "%f", &fNota) != EOF){
   ...
}
...
```

Antes de operar con el fichero hay que abrirlo y comprobar que se ha abierto sin problemas:

```
...
FILE *f;
...
f = fopen("c:\\notas.txt","r");
/* if (f) equivale a: if (f != NULL) */
if (f) {
   while (fscanf(f, "%f", &fNota) != EOF){
      ...
```

```
        }
      ...
    }
else
    printf("Error al abrir el fichero");
...
```

Una vez se termina con el fichero hay que cerrarlo; se cierra dentro del cuerpo del if porque es el único lugar en el que se asegura que la apertura del fichero ha sido correcta:

```
...
FILE *f;
...
f = fopen("c:\\notas.txt","r");
if (f) {
    while (fscanf(f, "%f", &fNota) != EOF){
        ...
    }
    ...
    fclose(f);
}
else
    printf("Error al abrir el fichero");
...
```

Por otro lado, se utilizarán 5 variables contador para contar la cantidad de notas en cada categoría, de manera que dentro del bucle se incrementa una u otra variable contador según el valor recuperado; no hay que olvidar inicializar dichos contadores a 0 antes de entrar en el bucle:

```
...
int iSusp=0, iAprob=0, iNot=0, iSob=0, iError=0;
...
    while (fscanf(f, "%f", &fNota) != EOF){
        if (fNota<0 || fNota>10) iError++;
            else if (fNota<5) iSusp++;
            else if (fNota<7) iAprob++;
            else if (fNota<9) iNot++;
            else iSob++;
    }
...
```

Con lo anterior, sólo restaría mostrar los resultados, lo que se haría una vez recorrido todo el fichero:

```
. . .
    while (fscanf(f, "%f", &fNota) != EOF){

        . . .

    }

        printf("Suspendidos: %d\n", iSusp);
        printf("Aprobados: %d\n", iAprob);
        printf("Notables: %d\n", iNot);
        printf("Sobresalientes: %d\n", iSob);
        printf("Notas erróneas: %d\n", iError);
        fclose(f);
. . .
```

Juntando todo lo adelantado, una posible solución completa sería:

```
#include <stdio.h>
int main()
{
    FILE *f;
    int iSusp = 0, iAprob = 0, iNot = 0, iSob = 0, iError = 0;
    float fNota;

    f = fopen("c:\\notas.txt","r");

    if (f) /* if (f) equivale a: if (f != NULL) */
    {
        while (fscanf(f, "%f", &fNota) != EOF)
        {
            if (fNota<0 || fNota>10) iError++;
            else if (fNota<5) iSusp++;
            else if (fNota<7) iAprob++;
            else if (fNota<9) iNot++;
            else iSob++;
        }

        printf("Suspendidos: %d\n", iSusp);
```

```
      printf("Aprobados: %d\n", iAprob);
      printf("Notables: %d\n", iNot);
      printf("Sobresalientes: %d\n", iSob);
      printf("Notas erróneas: %d\n", iError);
      fclose(f);
   }
   else
      printf("Error al abrir el fichero");

   return 0;
}
```

Como en otros casos, el tratamiento del posible error en la apertura del fichero se podría haber hecho diferente, terminando el programa si se produce el error. En ese caso la solución quedaría así:

```
#include <stdio.h>
int main()
{
   FILE *f;
   int iSusp = 0, iAprob = 0, iNot = 0, iSob = 0, iError = 0;
   float fNota;

   f = fopen("c:\\notas.txt","r");

   if (f == NULL) {
      printf("Error al abrir el fichero");
      return 1;
   }

   while (fscanf(f, "%f", &fNota) != EOF)
   {
      if (fNota<0 || fNota>10) iError++;
      else if (fNota<5) iSusp++;
      else if (fNota<7) iAprob++;
      else if (fNota<9) iNot++;
      else iSob++;
   }
```

```
    printf("Suspendidos: %d\n", iSusp);
    printf("Aprobados: %d\n", iAprob);
    printf("Notables: %d\n", iNot);
    printf("Sobresalientes: %d\n", iSob);
    printf("Notas erróneas: %d\n", iError);
    fclose(f);

    return 0;
}
```

Vídeo asociado

 El vídeo *Cálculo de cantidades a partir de datos guardados en un fichero* se dedica por completo a plantear este ejercicio y desarrollar la estrategia para resolverlo.

http://tiny.cc/0300_20

Ejercicio 34. Cálculo del máximo y mínimo de los valores de un fichero

Enunciado

En el fichero *temp.txt* se guardan las temperaturas medias diarias registradas en una estación meteorológica. Un ejemplo del posible contenido de dicho fichero es el siguiente:

```
10.5
12.3
14.6
10.3
9.5
3.6
-4.7
8.9
```

Se desconoce el número de temperaturas registradas en el fichero.

Teniendo en cuenta lo anterior, se pide realizar un programa que procese el fichero *temp. txt* y muestre por pantalla los valores máximo y mínimo del fichero.

En caso de producirse algún error al abrir el fichero, el programa deberá indicarlo por pantalla.

Igualmente, en caso de no haberse podido leer ningún valor del fichero, el programa deberá indicarlo por pantalla.

Una vez desarrollado el programa, si se ejecuta con un fichero *temp.txt* cuyo contenido sea el mostrado anteriormente, deberá mostrar por pantalla lo siguiente:

```
MAXIMO: 14.60; MINIMO: -4.70
```

Solución

Como se desconoce *a priori* la cantidad de temperaturas registradas en el fichero, hay que procesar todo el fichero, dato a dato, de la siguiente forma:

```
...
FILE *f;
...
while (fscanf(f, "%f", &fTemp) != EOF){
   ...
}
...
```

Para poder leer con fscanf del fichero, previamente hay que abrirlo, comprobando si dicha apertura se ha llevado a cabo sin problemas:

```
...
FILE *f;
...
f = fopen("temp.txt","r");
/* if (f) equivale a: if (f != NULL) */
if (f) {
   while (fscanf(f, "%f", &fTemp) != EOF){
      ...
   }
   ...
}
else
  printf("Error al abrir el fichero");
...
```

Si el fichero se ha abierto correctamente, hay que cerrarlo una vez se ha terminado la lectura de datos del mismo. Se cierra dentro del cuerpo del if porque es donde se asegura que la apertura del fichero ha sido correcta:

```
...
FILE *f;
...
f = fopen("temp.txt","r");
```

```
if (f) {
    while (fscanf(f, "%f", &fTemp) != EOF){
    ...
    }
    ...
    fclose(f);
}
else
  printf("Error al abrir el fichero");
...
```

En lo referente al cálculo del máximo y del mínimo, se utilizarán 2 variables para almacenar el máximo y el mínimo. Utilizaremos una tercera variable para saber en qué momento hemos leído al menos un valor, pudiendo detectar así si el fichero estaba vacío:

```
...
float fMin, fMax, fTemp;
int iLeidoAlgo;
...
if (f)
{
   iLeidoAlgo = 0;
   while (fscanf(f, "%f", &fTemp) != EOF)
   {
      if (iLeidoAlgo == 0)
      {
         iLeidoAlgo = 1;
...
```

Las variables *fMin* y *fMax* se irán actualizando en el bucle de lectura del fichero:

```
...
   iLeidoAlgo = 0;
   while (fscanf(f, "%f", &fTemp) != EOF)
   {
      if (iLeidoAlgo == 0)
      {
         iLeidoAlgo = 1;
         fMin = fTemp;
```

```
            fMax = fTemp;
        }
        else if (fTemp < fMin)
            fMin = fTemp;
        else if (fTemp > fMax)
            fMax = fTemp;
    }
```
...

Con lo anterior solo restaría mostrar los resultados, lo que se haría después de haber recorrido todo el fichero:

...

```
    while (fscanf(f, "%f", &fTemp) != EOF)
    {
        ...
    }
    if (iLeidoAlgo == 0)
        printf("No se ha podido leer valor alguno");
    else
        printf("MAXIMO: %.2f; MINIMO: %.2f\n\n", fMax, fMin);
    fclose(f);
```
...

Uniendo todas las partes detalladas, una posible solución completa sería:

```
#include <stdio.h>
int main()
{
    FILE *f;
    float fMin, fMax, fTemp;
    int iLeidoAlgo;

    f = fopen("temp.txt","r");
    if (f) {
        iLeidoAlgo = 0;
        while (fscanf(f, "%f", &fTemp) != EOF)    {
            if (iLeidoAlgo == 0) {
                iLeidoAlgo = 1;
                fMin = fTemp;
```

```
            fMax = fTemp;
         }
         else if (fTemp < fMin)
            fMin = fTemp;
         else if (fTemp > fMax)
            fMax = fTemp;
      }

      if (iLeidoAlgo == 0)
         printf("No se ha podido leer valor alguno del fichero");
      else
         printf("MAXIMO: %.2f; MINIMO: %.2f\n\n", fMax, fMin);
      fclose(f);
   }
   else
      printf("Error al abrir el fichero");

   return 0;
}
```

Una vez más, es oportuno recordar que el tratamiento del posible error en la apertura del fichero se podría haber hecho de otra forma, terminando el programa si se produce el error; de esta manera se reduce el anidamiento de las estructuras. En ese caso la solución quedaría así:

```
#include <stdio.h>
int main()
{
   FILE *f;
   float fMin, fMax, fTemp;
   int iLeidoAlgo;

   f = fopen("temp.txt","r");
   if (f == NULL) {
      printf("Error al abrir el fichero");
      return 1;
   }
   iLeidoAlgo = 0;
```

```
while (fscanf(f, "%f", &fTemp) != EOF)    {
   if (iLeidoAlgo == 0) {
      iLeidoAlgo = 1;
      fMin = fTemp;
      fMax = fTemp;
   }
   else if (fTemp < fMin)
      fMin = fTemp;
   else if (fTemp > fMax)
      fMax = fTemp;
}

if (iLeidoAlgo == 0)
   printf("No se ha podido leer valor alguno del fichero");
else
   printf("MAXIMO: %.2f; MINIMO: %.2f\n\n", fMax, fMin);
fclose(f);

return 0;
}
```

Vídeo asociado

 En el vídeo *Cálculo del máximo y mínimo de los valores guardados en un fichero* se plantea este ejercicio, resolviéndose a continuación, y explicando dicha resolución parte a parte, siguiendo un esquema similar al aquí expuesto.

http://tiny.cc/0300_21

Ejercicio 35. Ficheros en lenguaje C: ejemplo de fábrica de nanobots

Enunciado

Se dispone de un fichero *prod.txt* que contiene en cada línea los datos de producción diarios de una empresa de fabricación de nanobots; en cada línea hay tres datos: unidades producidas, unidades defectuosas y minutos que la fábrica ha estado activa.

Se desconoce el número de líneas que tiene el fichero. Un posible ejemplo de contenido del fichero es el siguiente:

```
5164      93      441
4492      101     437
```

7632	37	766
6350	50	559
6658	102	558
4056	89	338
4656	21	479
4412	18	456
5557	41	570
5398	91	476

La primera línea del ejemplo indicaría que ese día se han producido 5164 unidades, de las que 93 han resultado defectuosas, y la fábrica ha estado activa 441 minutos.

Se desea realizar un programa que, para los datos del fichero, calcule y muestre:

- El número de días en que el porcentaje de unidades defectuosas ha sido superior al 1%.
- El tiempo medio diario (en minutos) en que la fábrica ha estado activa.

Una vez desarrollado el programa, el resultado de su ejecución con el fichero anterior sería:

```
Dias con porcentaje de unidades defectuosas superior al 1%: 5
Tiempo medio diario (en minutos) en que la fabrica ha estado activa:
508.00
```

Solución

Para el tiempo medio diario en que la fábrica ha estado activa se necesita:

- La suma total de todos los minutos.
- El total de días registrados (que coincide con el total de líneas).

Para el número de días en que el porcentaje de unidades defectuosas ha sido superior al 1% tan sólo es necesario contar las líneas en las que el cociente entre las unidades defectuosas y las unidades producidas es superior a 0.01.

Una buena estrategia para resolver el ejercicio sería cargar los datos del fichero, procesándolos:

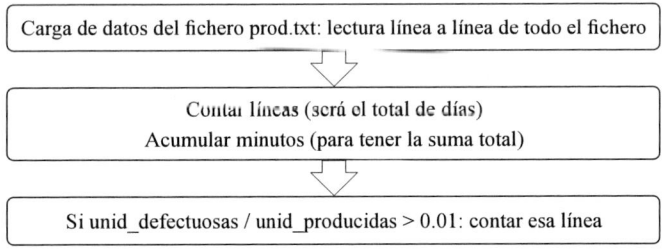

79

Lo anterior permitiría desarrollar el bucle principal así:

```
...
/* Carga de datos del fichero prod.txt: lectura línea a línea de todo
el fichero */
while (fscanf(fe, "%d%d%d", &unid, &unid_def,
                &minutos)!=EOF)
{
  /* Contar líneas (será el total de días) */
  contador_lineas++;

  /* Acumular minutos (para tener la suma total) */
  suma_minutos+=minutos;

  /* Si unid_defectuosas / unid_producidas > 0.01: contar esa línea */
  if (((float)unid_def/unid) > 0.01)
      contador_mas_1_por_cien++;
}
...
```

Una vez resuelto el bucle principal es sencillo obtener una solución; en dicha solución hay que tener especial cuidado en no olvidar inicializar a 0 las variables correspondientes. Una posible solución completa sería:

```
#include <stdio.h>
int main()
{
  FILE *fe;
  int contador_mas_1_por_cien=0;
  int contador_lineas=0, suma_minutos=0;
  int unid, unid_def, minutos;

  fe=fopen("prod.txt","r");
  if (fe == NULL)
  {
      printf("Error abriendo fichero prod.txt\n");
      return 1;
  }
```

```
while (fscanf(fe, "%d%d%d", &unid, &unid_def,
                &minutos)!=EOF)
{
  contador_lineas++;
  suma_minutos+=minutos;
  if (((float)unid_def/unid) > 0.01)
    contador_mas_1_por_cien++;
}
```

```
printf("Dias con porcentaje de unidades defectuosas superior al 1%%:
%d\n", contador_mas_1_por_cien);
printf("Tiempo medio diario (en minutos) en que la fabrica ha estado
active: %.2f\n",
        (float)suma_minutos/contador_lineas);
fclose(fe);
return 0;
```
}

Vídeo asociado

 En el vídeo *Ficheros en lenguaje C: ejemplo de fábrica de nanobots* se plantea este ejercicio, resolviéndose a continuación, explicando la estrategia seguida para la resolución, siguiendo un esquema similar al aquí expuesto.

http://tiny.cc/0300_22

Punto clave: *Bucles do … while*

La sentencia *do … while* permite implementar repeticiones condicionales: mientras la condición sea cierta se ejecutará el cuerpo del bucle. La diferencia con la sentencia while es el momento en que se comprueba la condición: mientras que en la sentencia while la condición se comprueba antes de cada iteración, en la sentencia do … while la condición se comprueba después de cada iteración.

Su sintaxis es la siguiente:

```
do
  cuerpo del bucle
while (condición);
```

Cuando en el cuerpo del bucle se encuentra solo una instrucción, esta puede ir o no entre llaves, { }; pero si hay más de una instrucción, estas deben ir encerradas obligatoriamente entre llaves.

Hay que fijarse que en el do … while, tras la condición, hay que poner ; , al contrario de lo que ocurre con la sentencia while.

Dado un bucle do … while similar a éste:

```
do {

    cuerpo del bucle

} while (condición);

instrucción X;
```

El funcionamiento de la sentencia do…while es el indicado en el siguiente diagrama:

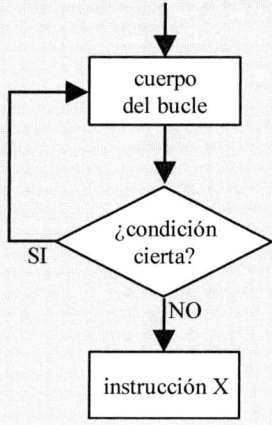

Del diagrama anterior se deduce que el número mínimo de iteraciones en un bucle do…while será *1*.

Ejercicio 36. Mostrar por pantalla los tres primeros enteros positivos

Enunciado

Realizar un programa para calcular la nota media de una clase. Debe pedir notas al usuario hasta que este introduzca un valor negativo o mayor que 10, con lo que indicará el fin de la introducción de datos. En el desarrollo del programa debe usarse un bucle do…while para solicitar las notas repetidamente.

Ejemplo de funcionamiento (en cursiva lo introducido por el usuario):

```
Nota: 3.5
Nota: 7.8
```

```
Nota: 5
Nota: 9.4
Nota: 2.3
Nota: 6.25
Nota: -1
Nota media: 5.71
```

Solución

El siguiente código permitiría conseguir lo pedido en el enunciado:

```c
#include <stdio.h>
int main()
{
   float suma, nota;
   int alumnos;

   suma = 0;
   alumnos = 0;

   do {
      printf("Nota: ");
      scanf("%f", &nota);
      if (nota>=0 && nota <=10) {
         suma += nota;
         alumnos++;
      }
   } while (nota>=0 && nota <=10);

   if (alumnos > 0)
      printf("Nota media: %.2f", suma/alumnos);
   else
      printf("No se han puesto notas buenas");

   return 0;
}
```

En la solución expuesta la variable *suma* se va incrementando con las notas introducidas por el usuario, mientras que la variable *alumnos* aumenta de uno en uno con cada nota introducida; ambas notas sólo se incrementan si el valor introducido está en el rango válido (entre 0 y 10, ambos incluidos). Como son variables que se incrementan deben tener un valor inicial adecuado: en este caso 0.

Para casos como el de este ejercicio es más apropiado utilizar un bucle do…while que un bucle while, porque es necesario ejecutar el cuerpo del bucle al menos una vez; además, el uso de do…while en vez de while hace que no sea necesaria la inicialización de la variable de la condición (nota) porque su valor se comprueba por primera vez después de que lo introduzca el usuario.

Vídeo asociado

 En el vídeo *Implementación de bucles en C con do…while* se realiza una introducción los bucles do…while, desarrollándose a continuación este ejercicio como ejemplo.
http://tiny.cc/0300_23

Ejercicio 37. Cálculo del precio de una entrada (con comprobación de mes)

Enunciado

Para calcular el precio de una entrada al parque de atracciones *TotalFun*, se necesitan conocer dos datos: la edad del visitante y el mes para el que se compra la entrada.

El precio de la entrada al parque sin descuento es de 35 €, excepto en los meses de junio, julio, agosto y septiembre, en que tiene un coste de 42.50 €.

Si el visitante es menor de 18 años o tiene al menos 65 años se le cobra un precio por la entrada de 25 €, independientemente del mes en que se produzca la visita.

Desarrolla un programa que pida los datos necesarios y muestre por pantalla el precio de la entrada.

Cuando se pida el mes al usuario, si introduce un valor incorrecto (que no esté entre 1 y 12), deberá repetirse la petición del mes hasta que dicho valor sea correcto.

Este ejercicio es una variación de otro ejercicio desarrollado anteriormente (*Cálculo del precio de una entrada [sin comprobación de mes]*) en el que no se pedía la repetición del mes en caso de introducción incorrecta del mismo.

Ejemplo de funcionamiento (en cursiva lo introducido por el usuario):

```
Edad del visitante: 33
Mes de la visita: 17
Mes de la visita: 0
Mes de la visita: 3

Precio de la entrada: 35.00 euros.
```

Solución

En la solución, a la hora de implementar la petición del mes, hay que hacer la petición dentro de un bucle, así se repite la solicitud mientras el valor introducido sea incorrecto.

Como el mes se debe pedir al menos una vez, utilizaremos una sentencia do...while.

Considerando lo anterior, una posible solución sería la siguiente:

```c
#include <stdio.h>

int main()
{
    float precio = 35; /* precio estándar */
    int edad, mes;

    printf("\nEdad del visitante: ");
    scanf("%d", &edad);

    /* Edad con descuento */
    if (edad<18 || edad>=65)
        precio = 25;
    else
    {
        do{
            printf("Mes de la visita: ");
            scanf("%d", &mes);
        } while (!(mes>=1 && mes<=12));

        if (mes>5 && mes<10)
            precio = 42.5;
    }

    printf("\nPrecio de la entrada: %.2f euros.\n", precio);
    return 0;
}
```

Hay que tener cuidado con la condición del bucle: el bucle debe repetirse cuando lo introducido NO sea correcto.

La condición del do...while también podría ser la siguiente:

```
do {
   ...
} while (mes<1 || mes>12);
```

Vídeo asociado

 En el vídeo *Cálculo de precio de entrada* se realiza una breve introducción a los operadores lógicos y a continuación se aborda el ejercicio *Cálculo del precio de una entrada (sin comprobación de mes)*. Tras lo anterior se propone este ejercicio, como una modificación del planteado en primer lugar.

http://tiny.cc/0300_24

Ejercicio 38. Cálculo de la serie de Fibonacci

Enunciado

La serie o sucesión de Fibonacci es una sucesión infinita de números enteros, de forma que los dos primeros valores son el 0 y el 1, y, a partir del tercer valor, cada nuevo elemento es el resultado de sumar los dos anteriores

```
0 1 1 2 3 5 8 13 21 34 55 89 144 ...
```

Como puede observarse, el décimo término (el 34), por ejemplo, es el resultado de la suma de los dos anteriores: 13 + 21 = 34.

Teniendo en cuenta lo anterior, escribe un programa que muestre por pantalla los *n* primeros términos de la sucesión de Fibonacci, siendo *n* un valor pedido al usuario.

Ejemplo de funcionamiento (en cursiva lo introducido por el usuario):

```
Indica cuántos términos quieres: 16
Los 16 primeros términos de Fibonacci son:
0 1 1 2 3 5 8 13 21 34 55 89 144 233 377 610
```

Solución

De la definición de la sucesión de Fibonacci puede concluirse que hay dos categorías de términos:

- Predefinidos. Los dos primeros.

- Calculados. A partir del tercero: se calculan como la suma de los dos anteriores.

Considerando eso, y que hay que pedir el valor de n al usuario (asegurándose que dicho valor es positivo), una posible solución pasaría por plantear tres partes principales diferenciadas:

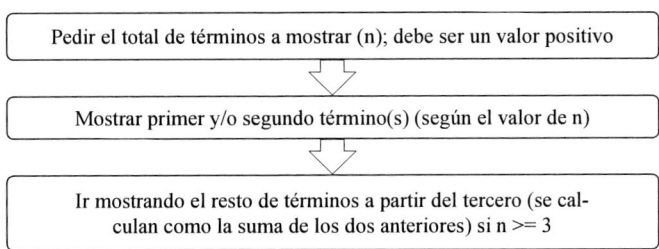

Para la primera parte (*pedir el total de términos a mostrar (n); debe ser un valor positivo*) hay que considerar que la petición del valor debe repetirse hasta que se introduzca un valor positivo, por ello será necesario un bucle. En cualquier caso, la petición del valor debe hacerse al menos una vez. Con todo, lo más interesante para esta parte será el uso de un bucle do...while:

```
do {
    printf("Indica cuántos términos quieres: ");
    scanf("%d", &n);
} while (n<=0);
```

La segunda parte (*mostrar primer y/o segundo término(s) (según el valor de n)*) es muy sencilla de implementar, pues bastaría con mostrar siempre el primer término, terminando el programa a continuación (*return 0;*) si *n* valía 1; si no se muestra a continuación el segundo término de la sucesión:

```
printf("Los %d primeros términos son:\n", n);
printf("0 "); /* término 1 */


if (n==1)
    return 0;


printf("1 "); /* término 2 */
```

Para la tercera parte planteada (*ir mostrando el resto de términos a partir del tercero (se calculan como la suma de los dos anteriores) si n = 3*) hay que utilizar un bucle que vaya generando y mostrando términos hasta alcanzar el total de términos indicados por el usuario. Como cada término se calcula sumando los dos términos anteriores, es necesario almacenar el último y el penúltimo de los términos mostrados, actualizando en cada iteración dicha información:

```
contador=2;
ult=1;
penult=0;
```

```
   while(contador<n){
      nuevo=ult+penult;
      printf("%d ", nuevo);
      penult=ult;
      ult=nuevo;
      contador++;
   }
```

Juntando todas las partes y añadiendo lo que falta (como la declaración de variables), la solución completa quedaría así:

```
#include <stdio.h>
int main()
{
   int n, ult, penult, contador, nuevo;

   do {
      printf("Indica cuántos términos quieres: ");
      scanf("%d", &n);
   } while (n<=0);

   printf("Los %d primeros términos son:\n", n);
   printf("0 "); /* término 1 */

   if (n==1)
      return 0;

   printf("1 "); /* término 2 */
   contador=2;
   ult=1;
   penult=0;
   while(contador<n){
      nuevo=ult+penult;
      printf("%d ", nuevo);
      penult=ult;
      ult=nuevo;
      contador++;
```

```
    }

    return 0;
}
```

Si se quisiera que el programa tuviera un único punto de salida (un único *return*), podría cambiarse sin problemas esta parte:

```
if (n==1)
    return 0;

printf("1 "); //término 2
```

por esta otra:

```
if (n>1)
    printf("1 "); //término 2
```

Vídeo asociado

 El vídeo *Programa para el cálculo de la serie de Fibonacci* se dedica por completo a plantear y resolver este ejercicio.

http://tiny.cc/0300_25

Ejercicio 39. Ficheros en lenguaje C: ejemplo de biblioteca genómica

Enunciado

La empresa Arca Nube está registrando características para crear una extensa biblioteca genómica.

Actualmente tiene un fichero de texto, llamado *gen.txt* con un número indeterminado de líneas. Cada línea corresponde a una muestra de un sujeto diferente, y contiene tres datos de dicha muestra: altura del sujeto (valor entero, en cm), edad del sujeto (valor entero, en años) y CI (coeficiente intelectual, valor entero). Un posible ejemplo de contenido del fichero es el siguiente:

```
163     20      88
167     72      120
185     47      97
174     42      110
182     34      85
163     39      126
190     39      103
```

La primera línea del ejemplo referencia una persona que mide 163 cm, de 20 años, y un CI de **88**.

Se pide desarrollar un programa que:

a) Pida dos valores enteros al usuario: `edadMin` y `edadMax`. Debe asegurarse que el valor introducido por el usuario para `edadMin` es igual o menor al introducido para `edadMax`, en otro caso debe volver a pedir estos valores hasta que los valores introducidos cumplan esta condición.

b) Muestre por pantalla:
   ◦ Total de muestras del fichero.
   ◦ Para las muestras de sujetos en el intervalo de edad [`edadMin`, `edadMax`]: número de muestras en ese intervalo y `AG` (adecuación genética) media de dichas muestras.

La `AG` de un sujeto es el resultado de sumar su CI, su componente de altura y su componente de edad:

`AG = CI + ComponenteAltura + ComponenteEdad`

En la fórmula anterior `ComponenteAltura` y `ComponenteEdad` representan lo siguiente:

- El componente de altura es el 10% de la altura en cm.
- El componente de edad es 5 si la edad del sujeto es superior a 60, 10 si está entre 40 y 59 (ambos incluidos) y 15 en otro caso

Ejemplo, la `AG` del sujeto de la primera muestra del fichero anterior (163 20 88) sería:

`AG = 88 + 16.3 + 15 = 119.3`

Nota: Si no hubiera ninguna muestra de sujetos en el intervalo de edad: [`edadMin`, `edadMax`] el programa debe indicarlo por pantalla.

Si el programa no puede abrir el fichero *gen.txt* debe mostrar por pantalla un mensaje indicándolo y terminar el programa.

Ejemplo de ejecución del programa una vez desarrollado, si el contenido del fichero *gen.txt* fuera el mostrado anteriormente (en cursiva lo introducido por teclado por el usuario):

```
Edad mínima: 50
Edad máxima: 40
Edad mínima: 35
Edad máxima: 47


En el fichero hay 7 muestras en total.
En el fichero hay 4 muestras de sujetos entre 35 y 47 años, y su AG
media es: 139.30
```

Solución

Apartado a): pida dos valores enteros al usuario: `edadMin` *y* `edadMax`.

En este apartado, el código debe asegurarse que el valor introducido por el usuario para `edadMin` es igual o menor al introducido para `edadMax`, en otro caso debe volver a pedir estos valores hasta que los valores introducidos cumplan esta condición.

En el ejemplo de ejecución ocurría lo siguiente al principio:

```
Edad mínima: 50
Edad máxima: 40
Edad mínima: 35
Edad máxima: 47
```

Se vuelve a pedir edad mínima y edad máxima porque la primera vez que el usuario ha introducido los valores ha puesto un valor mayor para edad mínima que para edad máxima.

Estrategia para resolver este apartado. Pedir los valores en un `do...while`: así nos aseguramos que se preguntan al menos una vez.

```c
do{
    printf("Edad minima: ");
    scanf("%d", &edadMin);
    printf("Edad maxima: ");
    scanf("%d", &edadMax);
} while (edadMin>edadMax);
```

El `do...while` se repetirá cuando no se cumpla la condición (es decir cuando `edadMin` sea mayor que `edadMax`).

Apartado b): Debe mostrar por pantalla:

- *Total de muestras del fichero.*
- *Para las muestras de sujetos en el intervalo de edad [*`edadMin`, `edadMax`*]: número de muestras en ese intervalo y AG media de las muestras.*

Una buena estrategia para resolver este apartado sería cargar los datos del fichero, procesándolos de forma que se calcule lo pedido:

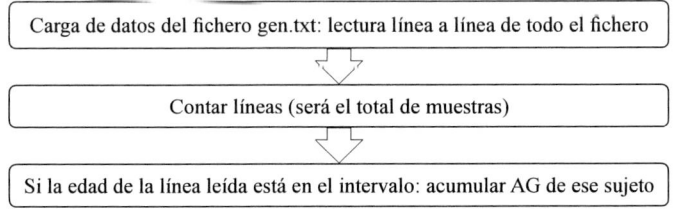

Tras lo anterior, bastaría con calcular la media y mostrar los resultados.

Lo anterior permitiría desarrollar el bucle principal así:

...

```
/* Carga de datos del fichero gen.txt: lectura línea a línea de todo
el fichero */
while(fscanf(fGen,"%d%d%d", &altura, &edad, &CI) != EOF )
{
  /* Contar líneas (será el total de muestras) */
  totalFichero++;


  /* Si la edad de la línea leída está en el intervalo: acumular AG
de ese sujeto */
  if (edad>=edadMin && edad<=edadMax){
    totalIntervalo++;

    compAltura=altura*0.1;

    if (edad>60) compEdad = 5;
    else if (edad<40) compEdad = 15;
    else compEdad = 10;

    totalAG+=CI+compAltura+compEdad;
  }
}
```

...

Y la parte de calcular media y mostrar resultados podría quedar así:

...

```
 printf("\nEn el fichero hay %d muestras en total.\n",
        totalFichero);

 if (totalIntervalo==0)
   printf("No hay muestras entre %d y %d años", edadMin,
          edadMax);
 else {
   printf("En el fichero hay %d muestras de sujetos entre %d y %d años",
totalIntervalo, edadMin, edadMax);
```

```
    printf(", y su AG media es: %.2f",
           totalAG/totalIntervalo);
  }
...
```

Una vez resuelto lo anterior es sencillo obtener una solución en la que hay que tener especial cuidado con no olvidar inicializar a 0 las variables correspondientes. Una posible solución completa sería:

```
#include <stdio.h>
int main()
{
 int edadMin, edadMax, altura, edad, CI;
 int totalFichero=0, totalIntervalo=0, compEdad;
 float compAltura, totalAG=0;
 FILE *fGen;

 fGen = fopen("gen.txt", "r");
 if (fGen == NULL) {
   printf("Error abriendo el fichero") ;
   return 1;
 }

 do{
   printf("Edad minima: ");
   scanf("%d", &edadMin);
   printf("Edad maxima: ");
   scanf("%d", &edadMax);
 } while (edadMin>edadMax);

 while(fscanf(fGen,"%d%d%d", &altura, &edad, &CI) != EOF ) {
  totalFichero++;
  if (edad>=edadMin && edad<=edadMax){
    totalIntervalo++;

    compAltura=altura*0.1;
```

```
    if (edad>60) compEdad = 5;
    else if (edad<40) compEdad = 15;
    else compEdad = 10;

    totalAG+=CI+compAltura+compEdad;
  }
}

printf("\nEn el fichero hay %d muestras en total.\n",
       totalFichero);

if (totalIntervalo==0)
  printf("No hay muestras entre %d y %d años", edadMin,
       edadMax);
else {
  printf("En el fichero hay %d muestras de sujetos entre %d y %d años",
totalIntervalo, edadMin, edadMax);
  printf(", y su AG media es: %.2f", totalAG/totalIntervalo);
}

fclose(fGen);
return 0;
}
```

Vídeo asociado

 En el vídeo *Ficheros en lenguaje C: ejemplo de biblioteca genómica* se plantea este ejercicio, resolviéndose a continuación, explicando en detalle la estrategia seguida para la resolución, siguiendo un esquema similar al aquí expuesto.

http://tiny.cc/0300_26

Punto clave: *Bucles for*

La sentencia *for* permite implementar repeticiones condicionales: mientras la condición sea cierta se ejecutará el cuerpo del bucle. La sentencia for permite incorporar en su cabecera, además de la condición, una sentencia de inicialización y una sentencia de actualización.

Su sintaxis es la siguiente:

```
for (inicialización; condición; actualización)

  cuerpo del bucle
```

La *inicialización* de la cabecera sólo se ejecuta una vez: nada más llegar el flujo del programa a la sentencia for.

La *condición* de la cabecera se comprueba *antes* de cada iteración, de forma que ésta sólo se produce si dicha condición se evalúa a cierto.

La *actualización* de la cabecera se ejecuta en cada iteración, inmediatamente después de la ejecución del cuerpo del bucle y antes de comprobar la condición para la siguiente iteración.

Cuando en el cuerpo del bucle hay sólo una instrucción, esta puede ir o no entre llaves, { }; pero si hay más de una instrucción, estas deben ir encerradas obligatoriamente entre llaves.

Dado un bucle for similar a éste:

```
for (inicialización; condición; actualización) {

    cuerpo del bucle

}
instrucción X;
```

El funcionamiento de la sentencia for se ve reflejado en el siguiente diagrama:

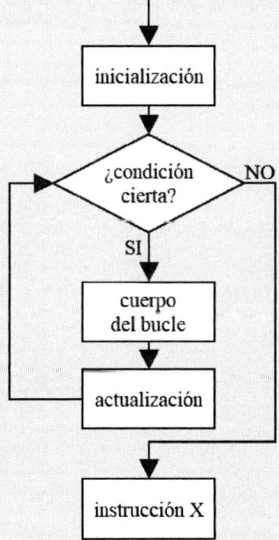

Del diagrama anterior se deduce que el número mínimo de iteraciones en un bucle for será *0*.

Ejercicio 40. Mostrar por pantalla los tres primeros enteros positivos

Enunciado

Desarrollar un programa que muestre por pantalla una cuenta atrás de números enteros, comenzando por el 3 y terminando en el 0. Tras la cuenta atrás debe mostrar el mensaje "FIN". Debe utilizarse un bucle for, que realizará cuatro iteraciones, y dentro del mismo será donde se escribirá en pantalla cada número.

Una vez ejecutado el programa, por pantalla se mostrará lo siguiente:

```
3
2
1
0
FIN
```

Solución

El siguiente código resolvería lo pedido en el enunciado:

```c
#include <stdio.h>
int main()
{
    int i;

    for (i=3; i>=0; i--)
        printf("%d\n", i);

    printf("FIN");

    return 0;
}
```

Cuando se ejecuta el código anterior ocurre lo siguiente:

```
Pone en i el valor 3 (inicialización)
¿Es i >= 0? SI: ejecuta el cuerpo del bucle (1ª iteración)
     Muestra el valor de i (3)
        i--; (actualización) i pasa a valer 2
¿Es i >= 0? SI: ejecuta el cuerpo del bucle (2ª iteración)
     Muestra el valor de i (2)
        i--; (actualización) i pasa a valer 1
```

```
¿Es i >= 0? SI: ejecuta el cuerpo del bucle (3ª iteración)
     Muestra el valor de i (1)
     i--; (actualización) i pasa a valer 0
¿Es i >= 0? SI: ejecuta el cuerpo del bucle (4ª iteración)
     Muestra el valor de i (0)
     i--; (actualización) i pasa a valer -1
¿Es i >= 0? NO: continúa tras el cuerpo del bucle
Muestra FIN
```

Señalar que, aunque el último valor de *i* que muestra por pantalla es 0, la variable *i* sale del bucle con el valor -1.

Vídeo asociado

 En el vídeo *Implementación de bucles en C con for* se realiza una introducción a los bucles en general y a los bucles for en particular, planteándose a continuación este ejercicio como primer ejemplo.

http://tiny.cc/0300_27

Ejercicio 41. Números naturales múltiplos de 3 y 7 menores que 200

Enunciado

Desarrollar un programa que muestre por pantalla los números naturales menores que 200 que sean múltiplos tanto de 3 como de 7.

Si se desarrolla correctamente el programa, su ejecución mostrará por pantalla lo siguiente:

```
21
42
63
84
105
126
147
168
189
```

Una vez desarrollada la solución, pensar alguna alternativa que permita mejorar la eficiencia del programa reduciendo el número de iteraciones que tiene que llevar a cabo y/o las comprobaciones a efectuar en cada iteración.

Solución

Para conseguir lo pedido, bastaría con un bucle que recorriera todos los números naturales menores que 200, comprobando para cada uno si es múltiplo de 3 y de 7 para, en caso afirmativo, mostrarlo por pantalla. Se puede utilizar cualquiera de las sentencias iterativas disponibles, pero la sentencia for es especialmente adecuada porque se trata de un caso en el que el número de iteraciones es conocido:

```c
#include <stdio.h>

int main()

{

    int i;

    for (i=1; i<200; i++)

        if (i%3==0 && i%7==0)

            printf("%d\n", i);

    return 0;

}
```

El código anterior recorre de uno en uno todos los enteros entre 1 y 199, mostrando aquellos que son múltiplos de 3 y 7. Realiza por tanto 199 iteraciones, efectuando hasta 2 comprobaciones en cada iteración.

Una alternativa mucho más eficiente se podría basar en recorrer sólo los múltiplos de 7, aumentando i de siete en siete:

```c
#include <stdio.h>

int main()

{

    int i;

    for (i=7; i<200; i=i+7)

        if (i%3==0)

            printf("%d\n", i);

    return 0;

}
```

Esta segunda solución recorre de siete en siete todos los enteros entre 7 y 199, mostrando aquellos que son múltiplos de 3 (al comenzar desde 7 y aumentar de siete en siete no hace falta comprobar si son múltiplos de 7 puesto que siempre lo son). Esta solución realiza por tanto 28 iteraciones, efectuando una única comprobación en cada iteración.

Vídeo asociado

 En el vídeo *Implementación de bucles en C con for* se realiza una introducción a los bucles en general y a los bucles for en particular, planteándose a continuación este ejercicio como el segundo y último ejemplo del vídeo.

http://tiny.cc/0300_27

Punto clave: *Elección del tipo de bucle a utilizar*

En un contexto en el que hay que utilizar un bucle, tanto la sentencia *while*, como la sentencia *do...while* o la sentencia *for* pueden ser usados si se programan adecuadamente. Sin embargo, según las especificaciones a implementar, puede ser recomendable optar preferentemente por una u otra sentencia.

En general, cuando el número de iteraciones a realizar es conocido *a priori,* suele ser más interesante utilizar un bucle for. En esta categoría entraría, por ejemplo, un caso en el que haya que repetir algo 10 veces, o *n* veces, siendo n una variable cuyo valor se asigna antes de llegar al bucle.

Ejemplo de bucle en el que es preferible usar una sentencia for: mostrar tantos múltiplos positivos de 7 como haya indicado el usuario:

```
int i, n;

printf("Total de múltiplos positivos de 7 a mostrar:");

scanf("%d", &n);

for (i=1; i<=n; i++)

    printf("%d\n", i*7);
```

Por otro lado, cuando el número de iteraciones a realizar no es conocido *a priori,* sino que depende de algo que ocurre en el cuerpo del bucle (como que el usuario introduzca un valor negativo o que el recorrido de un fichero llegue al EOF), se usa un bucle while o do...while.

Entre estos dos, suele ser preferible el uso de un bucle do... while cuando se tiene que hacer al menos una iteración (como a la hora de mostrar un menú de opciones o pedir un valor al usuario, repitiendo dicha petición hasta que este esté en un intervalo dado), mientras que hay que usar un bucle while si puede darse el caso en que no deba realizarse ninguna iteración (como en la lectura de un fichero de tamaño desconocido).

Ejemplo de bucle en el que es preferible usar una sentencia do...while: pedir una calificación entre 0 y 10 al usuario, repitiendo dicha petición mientras el valor introducido sea incorrecto (es decir, mientras sea menor que 0 o mayor que 10).

```
float cal;

do {

        printf("Introduce la calificación (0-10): ");

        scanf("%f", &cal);

} while (cal<0 || cal>10);
```

Ejemplo de bucle en el que es preferible usar una sentencia while: leer un fichero carácter a carácter, mostrando por pantalla cada carácter leído. Como el fichero puede estar vacío es posible que no se produzca ninguna iteración, por eso es preferible usar un bucle while:

```
FILE *f;

char car;

f = fopen("datos.txt", "r");

if (f == NULL) return 1;

while (fscanf(f, "%c", &car) != EOF)

        printf("%c", car);

fclose(f);
```

Ejercicio 42. Mostrar por pantalla los cuadrados y cubos de los diez primeros números naturales

Enunciado

Desarrollar un programa que muestre por pantalla los diez primeros números naturales con sus cuadrados y sus cubos.

Una vez completado el programa, su ejecución deberá mostrar por pantalla lo siguiente:

```
1    1    1
2    4    8
3    9    27
4    16   64
5    25   125
6    36   216
7    49   343
8    64   512
9    81   729
10   100  1000
```

Solución

Observando la pantalla se puede apreciar que básicamente hay que mostrar diez líneas, de forma que en cada línea se sigue el mismo formato:

```
valor valor2 valor3
```

Además, el primer valor es el 1, aumentando dicho valor de uno en uno conforme se pasa a sucesivas líneas.

Con todo, el uso de un bucle que repita 10 veces el mostrar un valor, su cuadrado y su cubo, es una buena estrategia para abordar la resolución, máxime considerando que cada nuevo valor está relacionado con el anterior (es uno más).

A la hora de escoger qué bucle utilizar, será posible utilizar tanto un bucle while como un bucle do…while o un bucle for; sin embargo, el bucle más adecuado será el bucle for, porque el número iteraciones a efectuar es conocido antes de llegar al bucle.

Así pues, el siguiente código resolvería lo pedido en el enunciado:

```c
#include <stdio.h>

int main()
{
    int i;


    for (i=1; i<11; i++)
        printf("%d %d %d\n", i, i*i, i*i*i);


    return 0;
}
```

En la solución, la segunda parte de la cabecera del for (i<11) puede sustituirse por i<=10.

Respeto a la tercera parte de la cabecera del for (i++), se podrían utilizar en su lugar cualquiera de estas alternativas: i=i+1 o i+=1, pero no sería válido usar esta otra expresión: i+1.

Vídeo asociado

En la primera parte del vídeo *Cuadrados y cubos de números naturales* se realiza una introducción a los bucles for, planteándose y resolviéndose este ejercicio a continuación.

http://tiny.cc/0300_28

Ejercicio 43. Generar los cuadrados y cubos de los diez primeros números naturales, mostrándolos por pantalla y guardándolos en fichero

Enunciado

Desarrollar un programa que genere los diez primeros números naturales con sus cuadrados y sus cubos, mostrándolos por pantalla y guardándolos en un fichero llamado z5.txt.

Una vez completado el programa, su ejecución deberá mostrar por pantalla lo siguiente:

```
1    1    1
2    4    8
3    9    27
4    16   64
5    25   125
6    36   216
7    49   343
8    64   512
9    81   729
10   100  1000
```

y generará el fichero z5.txt cuyo contenido será igual a lo mostrado por pantalla.

Este ejercicio es una variación de otro ejercicio desarrollado anteriormente (*Mostrar por pantalla los cuadrados y cubos de los diez primeros números naturales*) en el que no se pedía el almacenamiento en fichero de los valores.

Solución

Básicamente se trata de generar diez veces la siguiente terna de valores:

```
valor valor2 valor3
```

para los números naturales del 1 al 10 (de uno en uno).

Por ello, una buena estrategia es usar un bucle que repita 10 veces lo siguiente:

- Mostrar un valor, su cuadrado y su cubo.
- Guardar en un fichero una línea con un valor, su cuadrado y su cubo.

En cuanto al bucle a utilizar, el más adecuado será el bucle for, porque el número iteraciones a efectuar es conocido antes de llegar al bucle.

Con todo, el siguiente código resolvería lo pedido en el enunciado:

```
#include <stdio.h>
int main()
{
    FILE *f;
    int i;
```

```
f=fopen("z5.txt","w");
if(f == NULL) return -1;

for (i=1; i<11; i++) {
   printf("%d %d %d\n", i, i*i, i*i*i);
   fprintf(f, "%d %d %d\n", i, i*i, i*i*i);
}

fclose(f);

return 0;
}
```

Incluyendo la librería *math.h* es posible utilizar la función *pow* para calcular un número elevado a otro. En el código se podría poner en lugar de i*i*i lo siguiente: pow(i,3)

Si se opta por la solución con la función pow hay que tener cuidado: la función pow admite como parámetros valores reales, y también devuelve valores reales, lo cual hay que considerar, por ejemplo, al representar dichos valores (%f).

Vídeo asociado

 En la primera parte del vídeo *Cuadrados y cubos de números naturales* se realiza una introducción a los bucles for, y a continuación se aborda el ejercicio *Mostrar por pantalla los cuadrados y cubos de los diez primeros números naturales*. Tras lo anterior se propone este ejercicio, como una modificación del planteado en primer lugar.

http://tiny.cc/0300_28

5

Vectores

En este capítulo se incluirán conceptos y ejercicios relativos a vectores. Un vector permite almacenar diferentes datos de un mismo tipo (conjunto de datos homogéneo).

Los tipos de datos que almacena pueden ser desde datos simples (como int, char o float) hasta datos estructurados (como otros vectores o estructuras).

Los vectores pueden ser estáticos (que reservan memoria para sus elementos en el momento de la declaración) o dinámicos (realizan la reserva de memoria para sus elementos en un momento posterior a su declaración).

Punto clave: *Vectores estáticos*

Los vectores estáticos son los más sencillos de declarar y reservar, pues reservan memoria para sus elementos en el momento de su declaración, y la memoria que ocupan sus elementos se libera automáticamente en cuanto se termina el bloque en el que han sido declarados.

La sintaxis a la hora de declarar un vector estático cuyos elementos son de tipo simple es la siguiente:

```
tipo_dato nombre_vector[tamaño];
```

donde:

> `tipo_dato`: tipo de dato de los elementos del vector.

> `nombre_vector`: identificador de la variable vector.

> `tamaño`: constante entera positiva que indica el nº de elementos del vector. Esta constante puede ser un número entero o una constante simbólica previamente declarada con #define. Ojo, *no puede ser una variable*.

Ejemplo de posibles declaraciones de vectores:

```
int datos[20];    /*datos es un vector con hasta 20 enteros*/

float temp[2000]; /*temp es un vector con hasta 2000 float*/

char frase[80];   /*permite almacenar hasta 80 caracteres*/
```

Para acceder a un elemento del vector hay que indicar el nombre del vector y la posición del elemento al que queremos acceder.

La primera posición de un vector es la 0 y la última `tamaño-1`.

Por ejemplo, en este vector:

```
int v[10];    /*v es un vector con 10 enteros*/
```

El primer elemento de v sería v[0], el tercero v[2] y el último (considerando que tamaño es 10) v[9]:

Índices →	0	1	2	3	4	5	6	7	8	9
Elementos →	2	-5	10	3	42	7	8	-3	6	15

Con lo que si ejecutamos las siguientes instrucciones (suponiendo i declarada como variable entera):

```
for (i=0; i<10; i++)
    v[i]=0;
v[0]=9;
v[1]=-4;
v[2]=v[0]+v[1];
```

Los elementos del vector pasarán a tener este contenido:

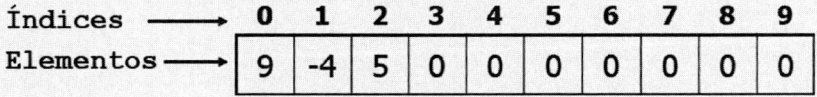

Índices →	0	1	2	3	4	5	6	7	8	9
Elementos →	9	-4	5	0	0	0	0	0	0	0

Ejercicio 44. Servicio e-Licopter

Enunciado

El servicio e-Licopter permite al personal de la UPV utilizar helicópteros eléctricos, pero deben cogerse y dejarse en helipuertos certificados. Existen un total de 200 helipuertos certificados, cada uno identificado por un número entero positivo; dicho número es menor que 100 si el helipuerto está en la ciudad, y mayor o igual a 100 si está fuera de la ciudad.

El servicio es utilizado actualmente por 10 usuarios, cada uno de los cuales tiene asignado un número entero identificativo entre 0 y 9. Cada vez que un usuario utiliza un helicóptero, se registra, en la estación donde lo devuelve, el identificador del usuario, la estación donde cogió el helicóptero y la estación donde lo devolvió. Estos datos se guardan semanalmente en un fichero (semanal.txt) de la siguiente forma (una línea por cada vez que se ha cogido):

- Identificador del usuario (valor entero de 0 a 9).

- Número del helipuerto donde lo cogió (valor entero positivo).

- Número del helipuerto donde lo dejó (valor entero positivo).

De esta forma, un posible contenido ejemplo del fichero de texto podría ser el siguiente:

```
9    39     893
3    244    616
9    893    39
4    272    107
6    126    98
4    971    874
1    92     2
0    793    797
9    692    758
6    778    127
2    339    987
3    91     292
```

La primera línea del contenido anterior indicaría que el usuario 9 utilizó el servicio para ir del helipuerto 39 al 893.

Se pide, escribir un programa que a partir de la información del fichero `semanal.txt`:

a) Escriba en el fichero `informe.txt` el número de veces que cada usuario utilizó el servicio esa semana. Si un usuario no ha hecho uso del servicio, no debe aparecer en el fichero.

Si los datos fuesen los del ejemplo anterior, el fichero a generar debería tener este contenido:

```
Veces en que el usuario 0 ha usado el servicio: 1

Veces en que el usuario 1 ha usado el servicio: 1

Veces en que el usuario 2 ha usado el servicio: 1

Veces en que el usuario 3 ha usado el servicio: 2

Veces en que el usuario 4 ha usado el servicio: 2

Veces en que el usuario 6 ha usado el servicio: 2

Veces en que el usuario 9 ha usado el servicio: 3
```

b) Muestre por pantalla el total de dinero ingresado esa semana por el uso del servicio, sabiendo que a cada usuario se le cobran 10 euros por cada servicio dentro de la ciudad (helipuerto de origen y helipuerto de destino en la ciudad), 19 euros por cada servicio completamente fuera de la ciudad (helipuerto de origen y helipuerto de destino fuera de la ciudad) y 14.50 euros por cada servicio de otro tipo.

Si los datos fuesen los del ejemplo anterior se debería mostrar por pantalla lo siguiente:

```
Dinero ingresado: 201.00 euros
```

Solución

Para resolver el apartado a), una buena opción sería utilizar un vector de enteros para contar las veces que cada usuario ha utilizado el servicio. Dicho vector tendría como tamaño el total de usuarios del sistema, que podría definirse previamente como una constante simbólica (`#define USUARIOS 10`). El vector se podría declarar así:

```
int tot_usuarios[USUARIOS];
```

De esta forma el elemento 3, por ejemplo, del vector, servirá para contar las veces que ha usado el servicio el usuario 3.

Como los elementos del vector serán contadores, deberán inicializarse a 0.

Teniendo en cuenta dicho vector, la estrategia para resolver el apartado podría ser esta:

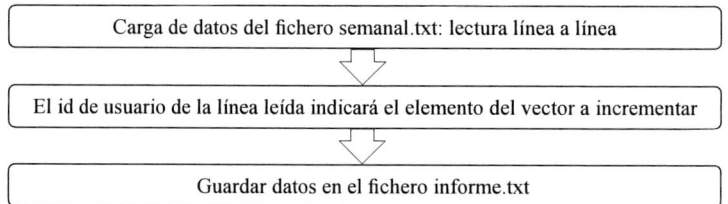

Carga de datos del fichero semanal.txt: lectura línea a línea

El id de usuario de la línea leída indicará el elemento del vector a incrementar

Guardar datos en el fichero informe.txt

Con lo que una solución para el apartado a) podría ser la siguiente:

```c
#include <stdio.h>
#define USUARIOS 10

int main() {
   FILE *fe, *fs;
   int tot_usuarios[USUARIOS], i, usr, heli1, heli2;

   /* Apertura de ficheros */
   fe = fopen("semanal.txt","r");
   if (fe == NULL) {
      printf("Error abriendo fichero semanal.txt\n");
      return -1;
   }

   fs = fopen("informe.txt","w");
   if (fs == NULL) {
      printf("Error abriendo fichero informe.txt\n");
      fclose(fe);
      return -2;
   }

   /* Inicializaciones */
   for (i=0; i<USUARIOS; i++)
      tot_usuarios[i]=0;

   /* Lectura del fichero */
   while (fscanf(fe,"%d%d%d",&usr,&heli1,&heli2) != EOF)
   {
       tot_usuarios[usr]++;
   }

   /* Escritura en fichero */
   for (i=0; i<USUARIOS; i++)
      if (tot_usuarios[i]>0)
```

```
        fprintf(fs,"Veces en que el usuario %d ha usado el servicio:
%d\n", i, tot_usuarios[i]);

    fclose(fe);
    fclose(fs);

    return 0;
}
```

Para solventar el apartado b) hay que tener una variable entera en la que ir acumulando lo facturado en cada desplazamiento. Es necesario inicializar a 0 dicha variable, y, al ir leyendo cada línea del fichero, ir aumentándola en función del tipo de trayecto. Ya fuera del bucle tan sólo restaría mostrar el resultado.

A continuación, se muestra la solución completa, de ambos apartados, resaltándose en negrita lo añadido para resolver el apartado b):

```
#include <stdio.h>
#define USUARIOS 10

int main() {
    FILE *fe, *fs;
    int tot_usuarios[USUARIOS], i, usr, heli1, heli2;
    float facturado;

    /* Apertura de ficheros */
    fe = fopen("semanal.txt","r");
    if (fe == NULL) {
        printf("Error abriendo fichero semanal.txt\n");
        return -1;
    }

    fs = fopen("informe.txt","w");
    if (fs == NULL) {
        printf("Error abriendo fichero informe.txt\n");
        fclose(fe);
        return -2;
    }
```

```
/* Inicializaciones */
for (i=0; i<USUARIOS; i++)
   tot_usuarios[i]=0;

facturado = 0;

/* Lectura del fichero */
while (fscanf(fe,"%d%d%d",&usr,&heli1,&heli2) != EOF)
{
   tot_usuarios[usr]++;
   if (heli1<100 && heli2<100)
      facturado+=10;
   else if (heli1>100 && heli2>100)
      facturado+=19;
   else
      facturado+=14.5;
}

/* Escritura en fichero */
for (i=0; i<USUARIOS; i++)
   if (tot_usuarios[i]>0)
      fprintf(fs,"Veces en que el usuario %d ha usado el servicio:
%d\n", i, tot_usuarios[i]);

/* Mostrar dinero ingresado */
printf("Dinero ingresado: %.2f euros\n", facturado);

fclose(fe);
fclose(fs);

return 0;
}
```

Vídeo asociado

 En el vídeo *Vectores y ficheros: servicio e-Licopter* se realiza una introducción al manejo de ficheros y vectores, dedicándose el resto del vídeo a plantear y resolver este ejercicio.

http://tiny.cc/0300_29

Punto clave: *Vectores dinámicos*

Los vectores dinámicos no reservan memoria para sus elementos en el momento de su declaración: se declaran como punteros y -posteriormente- se permite la reserva de memoria para sus elementos.

De esta forma, en los vectores dinámicos no hay que especificar su tamaño en su declaración, sino que es posible reservar el tamaño en tiempo de ejecución, ajustándolo pues a las necesidades. Por ello, este tipo de vectores permite realizar un uso más eficiente de memoria en aquellos supuestos en los que no se conoce a priori el tamaño de los vectores.

Al ser el usuario quien realiza la reserva de la memoria para los elementos del vector, también es responsabilidad del usuario liberar esta memoria cuando ya no se va a utilizar dicho vector.

Un vector dinámico se controla con un puntero, que se declarará del tipo de los elementos que el vector vaya a contener. Por ejemplo, si se trata de un vector de enteros, se declarará un puntero de enteros:

```
int *vd;
```

Un puntero guarda una dirección de memoria, en este caso (una vez se haya reservado la memoria para los elementos del vector) guardará la dirección de memoria del primero de los elementos del vector.

Para reservar espacio para los elementos del vector, y manejar la memoria dinámica, se usan —entre otras- las siguientes funciones, todas de la librería `stdlib.h`:

`malloc`: creación del vector. Reserva memoria para sus elementos.

`sizeof`: creación del vector. Tamaño de un tipo de datos.

`free`: destrucción del vector. Libera memoria reservada.

Generalmente se siguen estos pasos en el manejo de vectores dinámicos:

1. Declaración de la variable puntero.

   ```
   tipo *v;
   ```

2. Reserva de memoria para los N elementos del vector, comprobando que la reserva no ha dado problemas.

   ```
   v = (tipo *)malloc(N*sizeof(tipo));
   ```

```
        if (v==NULL) printf("Error...");
```

3. Utilizar el vector de la forma habitual. El uso de los vectores dinámicos es idéntico al uso de los vectores estáticos: mediante sus elementos.

```
        v[0] = ...;
```

4. Liberar memoria reservada.

```
        free(v);
```

Así pues, un ejemplo en el que se usa un vector dinámico para almacenar n valores reales (siendo n un valor introducido por el usuario y -por tanto- no constante) sería el siguiente (los valores reales se piden al usuario tras la reserva del vector):

```
#include <stdio.h>

#include <stdlib.h>

int main()

{

    int n, i;

    float *v;

    printf("Valor de n: ");

    scanf("%d", &n);


    v = (float *)malloc(n*sizeof(float));

    if (v==NULL) {

        printf("Error reservando memoria");

        return 1;

    }


    for (i=0; i<n; i++) {

        printf("Valor %d del vector: ", i);

        scanf("%f", &v[i]);

    }

    free(v);

    return 0;

}
```

Ejercicio 45. Vector dinámico notas de clase

Enunciado

Desarrollar un programa en el que se introduzcan en un vector las notas de una clase.

El número de alumnos que tiene la clase debe preguntarse al usuario, reservándose posteriormente el tamaño del vector según el total de alumnos.

Tras introducir las notas, el programa debe indicar la nota media de la clase y cuantos alumnos están por encima de dicha media.

Un ejemplo de una posible ejecución del programa, una vez terminado, sería:

```
Alumnos: 36
Nota alumno 1: 6.5
...
Nota alumno 36: 7.25
Media: 6.85
Hay 14 alumnos sobre la media
```

Solución

Para resolver el programa hay que recordar los cuatro pasos a seguir cuando se trabaja con memoria dinámica.

1. Declaración de la variable puntero a float.

2. Reserva de memoria para los N elementos del vector (siendo N el número de alumnos que el usuario ha indicado que hay), comprobando que la reserva no ha dado problemas.

3. Utilizar el vector de la forma habitual. En este caso guardar en sus elementos las notas que introduce el usuario.

4. Liberar memoria reservada una vez ya se han hecho con el vector las operaciones pedidas.

Con todo, una posible solución para el ejercicio podría ser la siguiente:

```c
# include <stdio.h>
#include <stdlib.h>

int main()
{
    int n, i, cont = 0;
    float *v, media;

    printf("Alumnos: ");
```

```
scanf("%d", &n);

v = (float *) malloc(n*sizeof(float));
if (v==NULL) {
   printf("Error reservando memoria.\n");
   return 1;
}
media = 0;
for (i=0; i<n;i++) {
   printf("Nota alumno %d:", i+1);
   scanf("%f", &v[i]);
   media += v[i];
}
media = media/n;

for (i=0;i<n;i++)
   if (v[i]>media)
      cont++;

printf("Media: %.2f\n", media);
printf("Hay %d alumnos sobre la media",cont);

free(v);
return 0;
}
```

Nota: en la solución del vídeo que hay más abajo no se incluye la comprobación de correcta reserva de la memoria por problemas de espacio, pero dicha comprobación sí se ha incluido en el código mostrado más arriba.

Vídeo asociado

 En el vídeo *Vectores dinámicos en lenguaje C* se realiza una introducción al manejo de vectores dinámicos, dedicándose el resto del vídeo a plantear y resolver este ejercicio.

http://tiny.cc/0300_30

Ejercicio 46. Cargar notas en un vector dinámico a partir de un fichero con una cantidad indeterminada de valores

Enunciado

Disponemos de un fichero, `notas.txt`, con las calificaciones obtenidas por los alumnos de clase. *A priori* se desconoce el total de notas guardadas en el fichero.

Se pide desarrollar un programa que guarde las notas del fichero en un vector dinámico para, posteriormente, mostrar el contenido de dicho vector por pantalla.

Ejemplo de funcionamiento: si se usa el programa con el siguiente fichero `notas.txt`:

```
9.5
3.5
10
0
8.3
```

Se mostrará lo siguiente por pantalla:

```
Valores del vector:(0) 9.50; (1) 3.50; (2) 10.00; (3) 0.00; (4) 8.30;
```

Solución

A primera vista, el ejercicio puede plantear un problema circular:

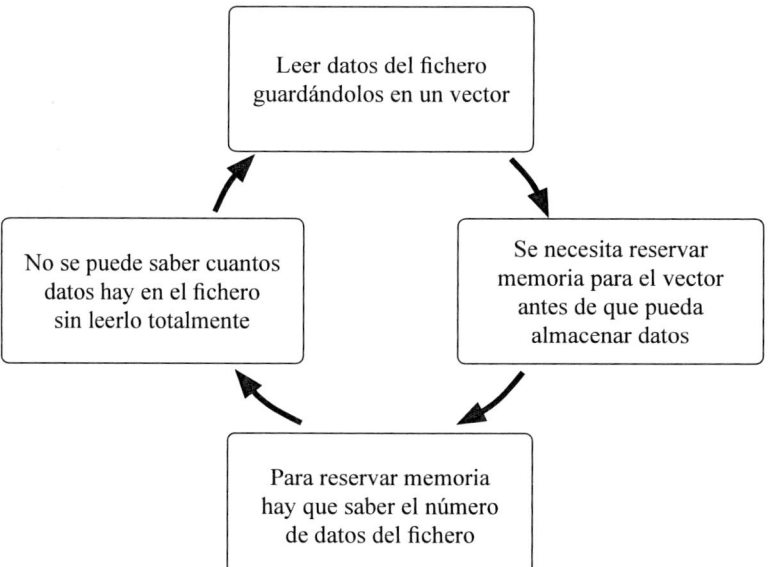

Dicho problema se puede resolver siguiendo esta estrategia, en la que se recorre dos veces el fichero:

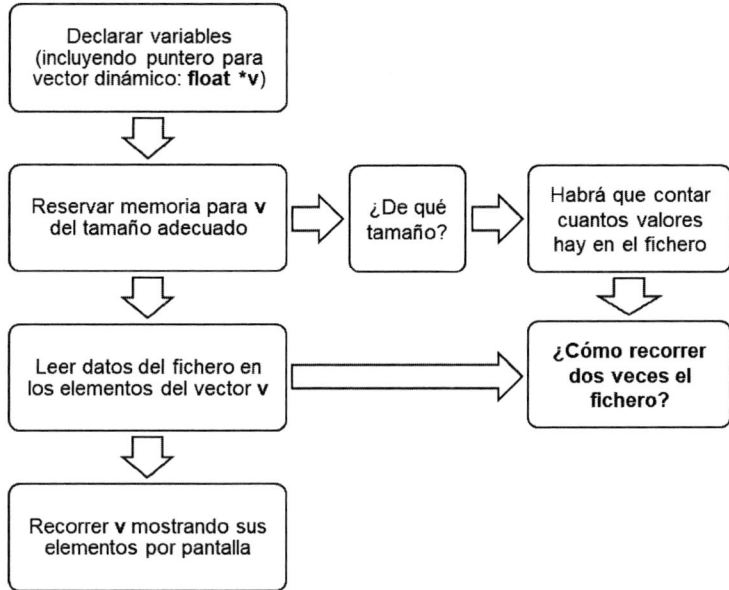

La cuestión queda pues reducida en recorrer dos veces el mismo fichero. No hay ningún problema en lenguaje C para recorrer un fichero en más de una ocasión, tan solo hay que cerrarlo y volverlo a abrir para poder recorrerlo de nuevo desde el principio:

```
FILE *f;
...
f = fopen("notas.txt", "r");
...
fclose(f);
...
f = fopen("notas.txt","r");
...
fclose(f);
```

De esta forma la siguiente solución permitiría cumplir con lo pedido en el enunciado:

```
#include <stdio.h>
int main()
{
  float *v, nota;
  int total, i;
```

```
FILE *f;

f = fopen("notas.txt", "r");
if (f==NULL){
  printf("Error al abrir el fichero.");
  return 0;
}

/* Contar cuantas notas hay */
total = 0;
while (fscanf(f,"%f", &nota)!=EOF)
  total++;

if (total==0){
  printf("No hay notas.");
  return 0;
}

/* Reserva de memoria */
v = (float *)malloc(total*sizeof(float));
if (v==NULL) {
  printf("Error reservando memoria.");
  return 0;
}

/* Cerramos el fichero y lo volvemos a abrir */
fclose(f);
f = fopen("notas.txt","r");
if (f==NULL){
  printf("Error al abrir el fichero.");
  return 0;
}

for (i=0; i<total; i++)
  fscanf(f,"%f", &v[i]); /*copiamos a vector*/
```

```
  fclose(f);

  printf("Valores del vector:");
  for (i=0; i<total; i++)
    printf("(%d) %.2f; ", i, v[i]);
  free(v); /* liberar memoria*/
  return 0;
}
```

Señalar que no hay que olvidar liberar la memoria una vez deja de utilizarse el vector dinámico (`free(v);`).

Vídeo asociado

 En el vídeo *Cargar notas en un vector dinámico a partir de un fichero con una cantidad indeterminada de valores* se plantea este ejercicio y se lleva a cabo el planteamiento y solución del mismo en profundidad.

http://tiny.cc/0300_31

6

Funciones

En este capítulo se incluirán conceptos y ejercicios relativos a programación modular. La programación modular permite estructurar un programa en diferentes funciones o módulos.

Entre las ventajas de la programación modular, cabe destacar las siguientes:

- Disminución de la complejidad de los problemas.
- Posibilidad de utilizar funciones validadas que no interfieren con otras en desarrollo.
- Los bloques se pueden agrupar en módulos relacionados entre sí (alta cohesión) y que no dependan de otros módulos (bajo acoplamiento).
- Se incrementa el nivel de abstracción.
- El código es más fácil de localizar.
- Facilita la normalización y estructuración del código.
- Se acelera el proceso de compilación.
- Se incrementa la productividad del programador.
- Se favorece la reutilización de variables y código fuente.

Hasta ahora, todos los ejemplos desarrollados se han hecho sobre una única función, la función principal (`main`), que es la primera en ejecutarse cuando se ejecuta un programa.

Punto clave: *funciones*

Una función o módulo es un conjunto de instrucciones que realizan una tarea específica.

El uso de funciones permite que, si un programa tiene que realizar la misma tarea varias veces, el módulo correspondiente se podrá utilizar tantas veces como sea necesario.

Una función es un módulo que recibe (o no) una serie de datos (parámetros), ejecuta un conjunto de instrucciones (utilizando los datos que recibe), y devuelve (o no) un resultado.

Es necesario distinguir entre la declaración de la función (que es donde se define) y su uso (que es donde se llama o invoca a la misma):

- Declaración: define el nombre, la interfaz, el conjunto de instrucciones que realizan la operación para la que ha sido definido y el resultado. En definitiva, indica qué hace la función.

- Llamada o invocación: nombre de la función invocada y valores que se transfieren a esa función. Ejecuta la función.

Una buena forma de definir una función es respondiendo a cuatro preguntas:

1. ¿Qué nombre se le pone? Es preferible utilizar un identificador relacionado con lo que hace.

```
nombre(    )
{

}
```

2. ¿Qué devuelve como resultado? Si no devuelve nada es void, en caso contrario el tipo de datos que devuelva.

```
tipo nombre(    )
{

}
```

3. ¿Qué necesita para resolver su cometido? Parámetros que recibe, indicando el tipo de datos de cada uno de los parámetros. Es posible que no necesite ningún parámetro.

```
tipo nombre(parámetros)
{

}
```

4. ¿Cómo resuelve su cometido? Algoritmo expresado en instrucciones.

```
tipo nombre(parámetros)
{

    instrucción 1;

    instrucción 2;

    ...

    return ...; /* puede ser opcional */

}
```

En la declaración de una función se distinguen la cabecera y el cuerpo de la función:

```
<retorno> nombre(tipop1 p1, …)        /* cabecera */

{

        <cuerpo de la función>          /* cuerpo */

}
```

Un ejemplo sencillo de función sería el siguiente, en el que se declara una función que recibe dos valores reales y muestra por pantalla el menor de ellos:

Tipo de retorno (ninguno) / Nombre de función / Parámetros (dos) separados por ,

Cabecera   **void mostrar_minimo (float a, float b)**

```
        {

            if (a<b)

                printf("%f", a);

            else

                printf("%f", b);

        }
```
Cuerpo

Posibles llamadas a la función anterior se muestran a continuación (se asume que **x** e **y** son dos variables reales previamente declaradas y con valor definido):

```
/* Muestra por pantalla el valor de x si éste es menor que el de y,
y el valor de y en caso contrario */

mostrar_minimo(x,y);

/* Muestra por pantalla el valor de x si éste es menor que el de
doble del valor de y, y el doble del valor de y en caso contrario */

mostrar_minimo(x,2*y);

/* Muestra por pantalla el valor de x si éste es menor que el de 27,
y el valor 27 en caso contrario */

mostrar_minimo(27,x);
```

Otro ejemplo sencillo de función, en este caso de una función que retorna un valor, sería el siguiente; esta función recibe tres valores reales y retorna el valor intermedio de dichos valores:

```
float intermedio(float a, float b, float c)

{

    if ( (a<=b && b<=c) || (c<=b && b<=a) )
```

```
            return b;
    else if ( (a<=c && c<=b) || (b<=c && c<=a) )
            return c;
    return a;
}
```

Y un ejemplo de uso de la función mediante una llamada sería este:

```
...
float r=3.3, s=4.5, t=3.9, w;
w = intermedio(r, s, t);
printf("%f", w); /* muestra por pantalla este valor: 3.9 */
...
```

Una alternativa al ejemplo anterior sería llamar directamente a la función intermedio en el printf:

```
...
float r=3.3, s=4.5, t=3.9;
/* muestra por pantalla este valor: 3.9 */
printf("%f", intermedio(r, s, t));
...
```

Ejercicio 47. Números primos inferiores a 500

Enunciado

Desarrolla un programa que muestre por pantalla los números primos que hay por debajo de 500. Para ello, desarrolla y utiliza una función que permita saber si un número dado es primo o no.

Hay que recordar antes de nada qué es un número primo: un número primo es un entero mayor que 1 que tiene únicamente dos divisores distintos: él mismo y el 1.

Una vez desarrollado correctamente el programa, este deberá mostrar un resultado similar al siguiente:

```
2       3       5       7       11      13      17      19      23      29
31      37      41      43      47      53      59      61      67      71
73      79      83      89      97      101     103     107     109     113
```

127	131	137	139	149	151	157	163	167	173
179	181	191	193	197	199	211	223	227	229
233	239	241	251	257	263	269	271	277	281
283	293	307	311	313	317	331	337	347	349
353	359	367	373	379	383	389	397	401	409
419	421	431	433	439	443	449	457	461	463
467	479	487	491	499					

Solución

La estrategia básica para abordar la solución es simple:

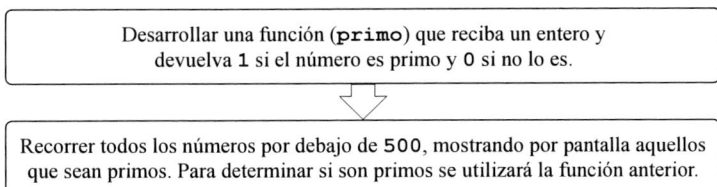

Desarrollar una función (**primo**) que reciba un entero y
devuelva **1** si el número es primo y **0** si no lo es.

Recorrer todos los números por debajo de **500**, mostrando por pantalla aquellos
que sean primos. Para determinar si son primos se utilizará la función anterior.

Para resolver la primera parte —desarrollo de la función primo— vamos a determinar en
primer lugar la cabecera de dicha función.

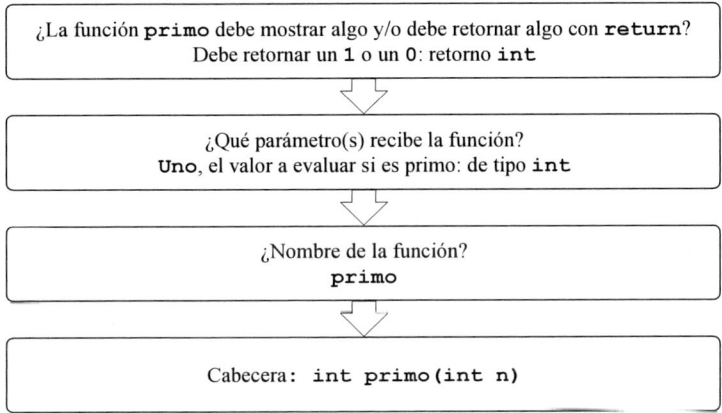

¿La función **primo** debe mostrar algo y/o debe retornar algo con **return**?
Debe retornar un **1** o un **0**: retorno **int**

¿Qué parámetro(s) recibe la función?
Uno, el valor a evaluar si es primo: de tipo **int**

¿Nombre de la función?
primo

Cabecera: **int primo(int n)**

Una vez indicada la cabecera de la función, faltaría el cuerpo de la misma, vamos a ver cómo
desarrollarlo poco a poco.

Primero descartaremos que n sea primo si es menor que 2:

```c
int primo(int n) {
    if (n<2) return 0;
}
```

Si no es menor que 2, buscaremos algún divisor entre 2 y n-1. Si lo encontramos es porque n no es primo:

```
int primo(int n) {
    int i;
    if (n<2) return 0;
    for (i=2; i<n; i++)
        if (n%i==0)
            return 0;
}
```

Con lo anterior se llega a devolver 0 si n es menor que 2 o si tiene algún divisor entre 2 y n-1; en caso de que no ocurra nada de eso hay que devolver 1, indicando así que n es primo.

```
int primo(int n) {
    int i;
    if (n<2) return 0;
    for (i=2; i<n; i++)
        if (n%i==0)
            return 0;
    return 1;
}
```

Con el código anterior ya tendríamos la función `primo` cumpliendo su cometido correctamente; sin embargo, la solución planteada no es muy eficiente. Por ejemplo, para el 104 729 (que es primo) tiene que revisar todos los números entre 2 y 104 728 buscando un divisor: realizaría 104 728 comprobaciones.

No es necesario realizar tantas comprobaciones, puesto que si no encuentra ningún divisor entre 2 y $\sqrt{104\,729}$ no hace falta seguir comprobando: si hubiera un divisor y de 104 729 por encima de $\sqrt{104\,729}$ es porque hay otro número entero z tal que:

$$y \times z = 104729$$

Si lo anterior si cumpliera e y es mayor que $\sqrt{104\,729}$ entonces z debe ser menor que $\sqrt{104\,729}$ y lo hubiéramos encontrado al revisar divisores entre 2 y $\sqrt{104\,729}$.

Se puede proponer una modificación en la función `primo` haciendo uso de la función `sqrt` de la librería `math.h` que calcula y devuelve la raíz cuadrada del valor que recibe como parámetro:

```
#include <math.h>
int primo(int n) {
    int i, raiz;
    if (n<2) return 0;
```

```
    raiz = sqrt(n);
  for (i=2; i<=raiz; i++)
    if (n%i==0)
      return 0;
  return 1;
}
```

Con la versión anterior de la función, para un valor de n de 104 729, pasan de evaluarse 104 728 divisores a evaluarse 322 divisores.

Respecto a la función primo, señalar que es posible realizar más mejoras en cuanto a eficiencia. Por ejemplo, podría comprobar si el número es par o no, ya que la mitad de los enteros son pares y esto nos permitiría descartar un gran número de divisores; si el número es par y mayor que 2 se devolvería 0 (no primo) y si no es par, en el for se empezaría en el 3, recorriendo los divisores de dos en dos, en vez de uno a uno (la cabecera del for pasaría a ser: **for (i=3; i<=raiz; i+=2)**)

Una vez clara la función primo, hay que pasar a la función main; en esta función se propone recorrer todos los números por debajo de 500, mostrando por pantalla aquellos que sean primos. Para determinar si son primos se utilizará la función primo:

```
int main() {
  int i;
  for (i=0; i<500; i++)
    if (primo(i))
      printf("%d\t", i);
    return 0;
}
```

Con todo, la solución completa al ejercicio sería la siguiente:

```
#include <stdio.h>
#include <math.h>

int primo(int n) {
  int i, raiz;
  if (n<2) return 0;
  raiz = sqrt(n);
  for (i=2; i<=raiz; i++)
    if (n%i==0)
      return 0;
  return 1;
}
```

```
int main() {
  int i;
  for (i=0; i<500; i++)
    if (primo(i))
      printf("%d\t", i);
    return 0;
}
```

Vídeo asociado

 En el vídeo *Evaluación de números primos en lenguaje C* se resuelve el ejercicio aquí planteado.

http://tiny.cc/0300_32

Ejercicio 48. Media de valores enteros mediante funciones

Enunciado

Desarrolla una función, `media`, que reciba tres valores enteros y devuelva la media aritmética de dichos valores.

Una vez desarrollada correctamente, si se usa la función de la siguiente forma:

```
#include <stdio.h>

/* Por aquí declaración de la función media */

int main()
{
    int i1 = -4, i2 = 7, i3 = 1;
    float med;
    med = media(i1, i2, i3);
    printf("Media: %.2f\n", med);
    return 0;
}
```

Se mostrará lo siguiente por pantalla:

```
Media: 1.33
```

Solución

Se verá en primer lugar cuál será la cabecera de la función, a partir de lo indicado:

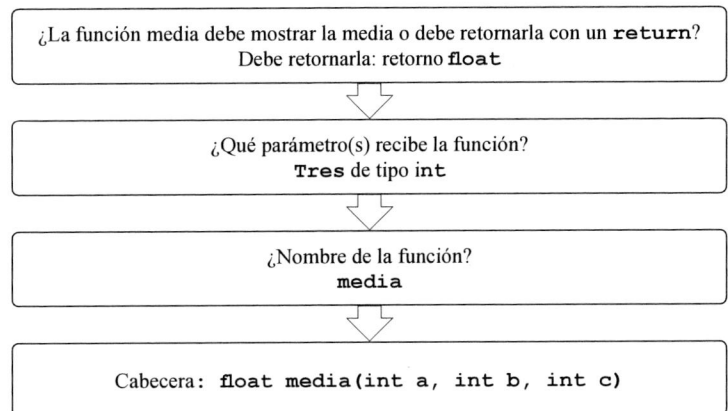

Una vez clara la cabecera de la función, faltaría el cuerpo de la misma, que es muy sencillo dada la simplicidad de lo que se pide:

```
float media(int a, int b, int c)
{
    float m;
    m=(a+b+c)/3.0;
    return m;
}
```

Una posible solución alternativa más corta consistiría en realizar todas las operaciones en el return:

```
float media(int a, int b, int c)
{
    return (a+b+c)/3.0;
}
```

Señalar por último que la función `main` indicada en el enunciado produciría el mismo resultado que esta alternativa:

```
int main()
{
    printf("Media:%.2f\n", media(-4,7,1));
    return 0;
}
```

Vídeo asociado

 En el vídeo *Media de valores enteros mediante funciones* se realiza una introducción a las funciones, y a continuación se resuelve el ejercicio aquí planteado en la primera mitad del vídeo.

http://tiny.cc/0300_33

Punto clave: *Vectores como parámetros de funciones*

Si el parámetro de una función es un vector, en la cabecera de la función no hace falta especificar el tamaño del vector:

```
int maxVector(int v[])
```

Si se prefiere, se permite indicar dicho tamaño, por lo que también sería válida esta cabecera:

```
int maxVector(int v[TAM])
```

Otra forma válida de pasar un vector es indicarlo como una referencia, puesto que al fin y al cabo los vectores son referencias (es decir, direcciones de memoria):

```
int maxVector(int *v)
```

Para realizar la llamada a una función como la anterior, con un parámetro de tipo vector, hay que indicar únicamente el nombre del vector:

```
#define TAM 100

int main()

{

        int edades[TAM];

        /*...instrucciones...*/

        printf("Max:%d", maxVector(edades));

        /*...instrucciones...*/

}
```

Todo lo indicado es válido tanto para vectores estáticos como para vectores dinámicos.

Ejercicio 49. Media de los valores de un vector de enteros

Enunciado

Desarrolla una función, `media` que reciba un vector de enteros junto con su tamaño, y devuelva la media aritmética de los valores del vector.

Una vez desarrollada correctamente, si se usa la función de la siguiente forma:

```
#include <stdio.h>

/* Por aquí declaración de la función media */

int main()
{
   int vec[5] = {6, -4, -2, 7, 2};
   printf("Media: %.2f\n", media(vec, 5));
   return 0;
}
```

Se mostrará lo siguiente por pantalla:

```
Media: 1.80
```

Solución

Revisando el enunciado y el ejemplo de funcionamiento, es sencillo desarrollar la cabecera de la función pedida:

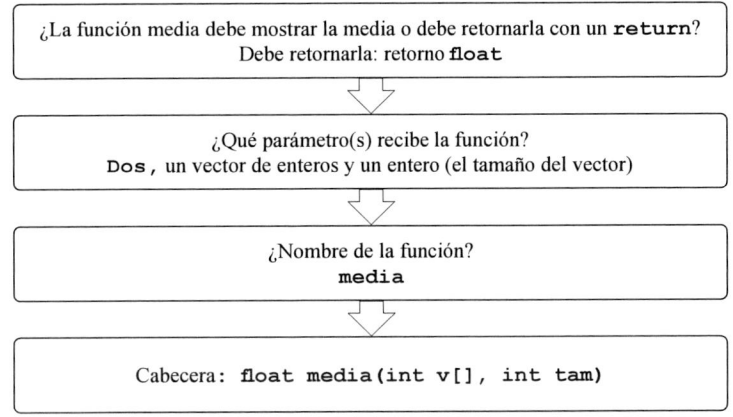

Una vez vista la cabecera de la función, hay que desarrollar el cuerpo de la misma. Para ello una buena solución es recorrer el vector y acumular en una variable auxiliar la suma de sus valores; de esta forma tan solo será necesario, una vez recorrido todo el vector, devolver el cociente entre dicha variable auxiliar (que contendrá el sumatorio de todos los elementos del vector) y el número de elementos del vector:

```
float media(int v[], int tam)
{
   int i;
   float m = 0;
```

```
for (i=0; i<tam; i++)
    m+=v[i];

return m / tam;
}
```

Vídeo asociado

En el vídeo *Media de valores enteros mediante funciones* se resuelve el ejercicio aquí planteado en la segunda mitad del vídeo.

http://tiny.cc/0300_33

Punto clave: *Trazas*

La traza de un código dado es la simulación manual de cómo tendría lugar su ejecución.

Los dos usos principales de las trazas son:

- Para identificar posibles errores en el código (especialmente errores semánticos).
- Para tratar de averiguar el resultado de la ejecución de un código y, de manera más general, cuál es el cometido de un código dado.

La manera más básica de llevar a cabo una traza es ir simulando la ejecución secuencial una a una de las instrucciones, comenzando por las de la función `main`.

Conforme se avance en la traza, hay que mantener en todo momento los valores de las diferentes variables.

Cuando se llega a una instrucción que incluye una llamada a una función que hemos desarrollado antes, hay que "saltar" a dicha función, volviendo al punto desde donde se salta cuando se produzca una de estas dos situaciones:

- Si la función es `void`: se volverá al alcanzar una instrucción `return;` o, si no se alcanza una instrucción de este tipo, cuando se ejecute la última instrucción de la función.
- Si la función no es `void`: se volverá al punto de llamada cuando se alcance la primera instrucción `return ...;` a la que lleve el flujo de ejecución.

Ejercicio 50. Traza de código que incluye funciones propias

Enunciado

Dado el siguiente código:

```
#include <stdio.h>
int f1(int v[], int t)
```

```
{
    int i, x;
    x=v[0];
    for (i=0; i<t; i++)
        if (v[i]<x)
            x=v[i];
    return x;
}
int f2(int v[], int t, int x)
{
    int i;
    for (i=0; i<t; i++)
        if (v[i]==x)
            return 1;
    return 0;
}
int main(){
    int vec[5] = {6, -4, -2, 7, 2};
    printf("f1: %d\n", f1(vec, 5));
    if (f2(vec, 5, 7) == 1)
        printf("Si.\n");
    else
        printf("No.\n");
    return 0;
}
```

Se plantean las siguientes cuestiones:

- ¿Qué muestra por pantalla?
- ¿Qué hace la función f1?
- ¿Qué hace la función f2?

Solución

Se van a numerar las líneas del código para poder detallar mejor la solución aquí explicada:

```
1.   #include <stdio.h>
2.   int f1(int v[], int t)
3.   {
```

```
4.    int i, x;
5.    x=v[0];
6.    for (i=0; i<t; i++)
7.        if (v[i]<x)
8.            x=v[i];
9.    return x;
10.   }
11.   int f2(int v[], int t, int x)
12.   {
13.   int i;
14.   for (i=0; i<t; i++)
15.       if (v[i]==x)
16.           return 1;
17.   return 0;
18.   }
19.   int main(){
20.   int vec[5] = {6, -4, -2, 7, 2};
21.   printf("f1: %d\n", f1(vec, 5));
21.   if (f2(vec, 5, 7) == 1)
23.       printf("Si.\n");
24.   else
25.       printf("No.\n");
26.   return 0;
27.   }
```

Para indicar la traza se indicará en primer lugar el número de la línea a ejecutar, y luego la acción que conlleva su ejecución. A continuación, se detalla la traza que, como cabe esperar-comienza por la ejecución de la instrucción de la línea 20, que es la primera instrucción del cuerpo de la función main:

20 Se declara e inicializa **vec {6, -4, -2, 7, 2}**

21 Se llama a la función **f1: v ← vec; t ← 5**

 4 Se declaran **i, x**

 5 **x ← v[0]** es decir **x ← 6**

 6 Bucle con 5 iteraciones, para valores de i: 0, 1, 2, 3, 4

 7 (i=0) ¿v[0]<6? NO

 6 (i++)

7 (i=1) ¿v[1]<6? SI

8 `x ← v[i]` es decir `x ← -4`

... el resto de iteraciones no cumple que `v[i]<-4` ...

9 Devuelve -4

21 Muestra por pantalla `f1: -4`

22 Se llama a `f2: v ← vec; t ← 5; x ← 7`

13 Se declara `i`

14 Bucle con 5 iteraciones, para valores de i: 0, 1, 2, 3, 4

15 (i=0) ¿v[0]==7? NO

14 (i++)

15 (i=1) ¿v[1]==7? NO

14 (i++)

15 (i=2) ¿v[2]==7? NO

14 (i++)

15 (i=3) ¿v[0]==7? SI

16 Devuelve 1

22 El if se cumple.

23 Muestra por pantalla `Si`.

26 Termina el programa.

A la vista de la traza realizada, ya es posible contestar a las preguntas planteadas en el enunciado:

¿Qué muestra por pantalla?

Muestra por pantalla:

```
f1: -4
Si.
```

¿Qué hace la función `f1`?

Recorre los elementos del vector que recibe quedándose con el menor de ellos:

`f1` devuelve el mínimo del vector que recibe.

¿Qué hace la función `f2`?

Recorre los elementos del vector que recibe comprobando si alguno de ellos es igual al valor recibido como tercer parámetro:

`f2` permite buscar un valor en un vector: devuelve 1 si x está en el vector y 0 si no lo está.

Vídeo asociado

 En el vídeo *Traza de llamadas a funciones* se revisa en primer lugar en qué consiste una traza de un código dado y a continuación se resuelve el ejercicio aquí planteado.
http://tiny.cc/0300_34

Ejercicio 51. Cálculo del producto vectorial en lenguaje C

Enunciado

En este ejercicio se pide el desarrollo una función capaz de recibir tres vectores como parámetros y de un programa que haga uso de la misma:

a) Desarrollar una función en C, `ProductoVectorial`, que reciba tres vectores con tres números reales cada uno. La función debe calcular el producto vectorial de los dos primeros vectores recibidos, almacenando el resultado en el tercer vector.

b) Desarrollar un programa que pida al usuario los componentes de dos vectores tridimensionales y, a continuación, muestre por pantalla el resultado del producto vectorial de los mismos. Utilizar la función anterior para el cálculo del producto vectorial.

Una vez completados ambos apartados, su ejecución deberá mostrar por pantalla lo siguiente (en cursiva lo introducido por el usuario):

```
Componentes del primer vector: 1 2 3
Componentes del segundo vector: 1.21 -9 0
Producto vectorial:
(1.00,2.00,3.00) x (1.21,-9.00,0.00) = (27.00,3.63,-11.42)
```

Antes de acometer la solución al ejercicio, hay que recordar en qué consiste el *producto vectorial* de dos vectores tridimensionales; el producto vectorial es una operación binaria entre dos vectores en un espacio tridimensional. El resultado es un vector perpendicular a los vectores que se multiplican, y por lo tanto normal al plano que los contiene.

Dados dos vectores `(x1, y1, z1)` y `(x2, y2, z2)`, el vector resultante de su producto vectorial se puede calcular así:

```
(x1,y1,z1) x (x2,y2,z2)=(y1·z2-z1·y2, z1·x2-x1·z2, x1·y2-y1·x2)
```

Solución

Apartado a)

La función pedida tendrá tres parámetros, los tres vectores de reales. Los dos primeros parámetros serán de entrada, es decir, se utilizarán sus elementos solo para los cálculos necesarios; el tercer parámetro será de salida y se utilizará para almacenar los resultados generados. La función no debe devolver nada más allá de lo que ya devuelve a través del tercer parámetro.

Con todo, la cabecera de la función será algo así:

```
void ProductoVectorial(float v1[], float v2[], float v3[])
```

parámetros de entrada   parám. salida

Una vez clara la cabecera, el cuerpo de la función será muy sencillo, limitándose a realizar los cálculos del productor vectorial entre v1 y v2, guardando en v3 los resultados:

```
void ProductoVectorial(float v1[],float v2[],float v3[])
{
  v3[0] = v1[1]*v2[2] - v1[2]*v2[1];
  v3[1] = v1[2]*v2[0] - v1[0]*v2[2];
  v3[2] = v1[0]*v2[1] - v1[1]*v2[0];
}
```

Apartado b)

En el segundo apartado habrá que implementar la función main. Esta función tendrá 4 partes diferenciadas: declaración de variable, petición de los datos de entrada, llamada a la función y muestra de resultados.

Considerando lo anterior, el siguiente código resolvería lo pedido en el enunciado:

```
#include <stdio.h>
int main ()
{
  float a[3], b[3], c[3];

  printf("Componentes del primer vector: ");
  scanf("%f%f%f", &a[0], &a[1], &a[2]);

  printf("Componentes del segundo vector: ");
  scanf("%f%f%f", &b[0], &b[1], &b[2]);

  ProductoVectorial(a,b,c);

  printf("Producto vectorial: \n");
  printf("(%.2f,%.2f,%.2f) x ", a[0],a[1],a[2]);
  printf("(%.2f,%.2f,%.2f) = ", b[0],b[1],b[2]);
  printf("(%.2f,%.2f,%.2f)\n", c[0],c[1],c[2]);

  return 0;
}
```

Vídeo asociado

 En el vídeo *C*álculo del producto vectorial en C se realiza una introducción a cómo realizar el producto vectorial, planteándose y resolviéndose este ejercicio a continuación.
http://tiny.cc/0300_35

Ejercicio 52. Suma de los elementos de un vector de valores reales

Enunciado

Desarrolla una función que reciba un vector de valores reales (float) y el tamaño de dicho vector.

La función debe devolver la suma total de los elementos contenidos en el vector.

Solución

Revisando el enunciado, es sencillo desarrollar la cabecera de la función pedida:

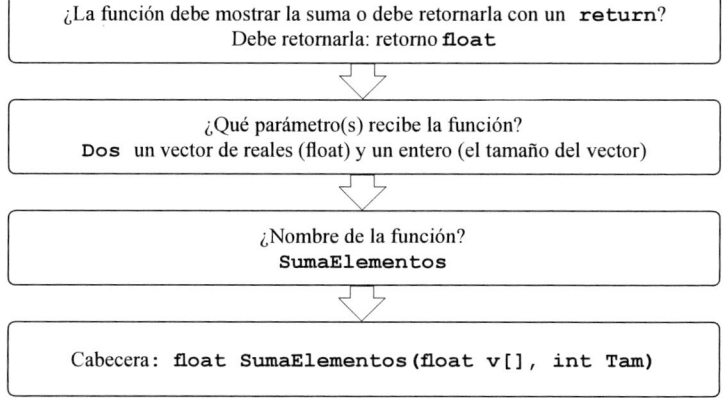

Una vez está clara la cabecera de la función, hay que desarrollar el cuerpo de la misma. Para ello una buena estrategia es recorrer el vector y acumular en una variable auxiliar la suma de sus valores. Hay que tener en cuenta que el vector es de valores reales, por lo que dicha variable auxiliar debe ser real:

```
float SumaElementos(float v[], int Tam)
{
    int i;
    float Total = 0;

    for (i=0; i<Tam; i++)
        Total += v[i];

    return Total;
}
```

Si se hiciera una traza de la ejecución de la función anterior para un vector de 5 elementos con este contenido:

0	1	2	3	4
7.8	0.2	-1	2.4	1.1

la variable Total iría tomando los siguientes valores a lo largo de las diferentes iteraciones del bucle:

i	Total
	0
0	7.8
1	8.0
2	7.0
3	9.4
4	10.5

Vídeo asociado

 En el vídeo *Totales y media de los elementos de un vector numérico* se resuelve el ejercicio aquí planteado en la primera mitad del vídeo.

http://tiny.cc/0300_36

Ejercicio 53. Media de los elementos de un vector de valores reales

Enunciado

Desarrollar una función que reciba un vector de valores reales (float) y el tamaño de dicho vector.

· La función debe devolver la media aritmética de los elementos contenidos en el vector.

Nota: En un ejercicio anterior se ha planteado un enunciado similar, con la salvedad de que en esta ocasión el vector es de valores reales en vez de enteros; si se ha comprendido dicho ejercicio, la solución a este enunciado debe ser inmediata.

Solución

A partir del enunciado, la cabecera de la función pedida no debe plantear mayores inconvenientes:

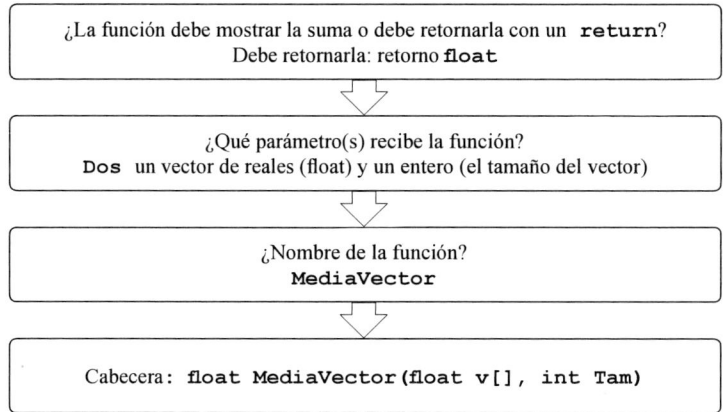

¿La función debe mostrar la suma o debe retornarla con un `return`?
Debe retornarla: retorno `float`

¿Qué parámetro(s) recibe la función?
Dos un vector de reales (float) y un entero (el tamaño del vector)

¿Nombre de la función?
`MediaVector`

Cabecera: `float MediaVector(float v[], int Tam)`

En lo referente al cuerpo de la función, bastaría con recorrer el vector e ir sumando en una variable auxiliar los valores del vector. Hay que tener en cuenta que el vector es de valores reales, por lo que dicha variable auxiliar debe ser real. Posteriormente bastaría con devolver el cociente entre dicha variable y el número de elementos del vector:

```
float MediaVector(float v[], int Tam)
{
    int i;
    float Total = 0;

    for (i=0; i<Tam; i++)
        Total += v[i];

    return Total/Tam;
}
```

Nótese que la división indicada tras el `return` es una división real, ya que al menos uno de los operandos es real (el numerador en este caso, `Total`).

Vídeo asociado

En el vídeo *Totales y media de los elementos de un vector numérico* se resuelve el ejercicio aquí planteado en la segunda mitad del vídeo, como una variación del ejercicio en el que se pide el cálculo de la suma de los elementos de un vector de valores reales.

http://tiny.cc/0300_36

Punto clave: *Parámetros por referencia*

Mediante `return`, se puede devolver un valor desde una función, pero cuando se pretende devolver más de un valor, existe la opción de utilizar parámetros por referencia.

Al llamar a una función con algún parámetro por referencia, en los parámetros por referencia se pasan las direcciones (también llamadas referencias) donde se encuentran situadas las variables, por ello, no permite que los valores de la llamada para parámetros por referencia sean constantes, expresiones o funciones.

De modo general, a la hora de usa parámetros por referencia, se siguen tres pasos:

1. En la llamada a la función, las variables que se pasan por referencia se preceden de `&` (operador que devuelve la dirección de la variable que tiene detrás).

2. En la cabecera las variables que se pasan por referencia se preceden de * (son variables de tipo puntero, es decir, que almacenan una dirección de memoria).

3. Cada vez que esas variables se usen dentro del cuerpo de la función para el uso del contenido de la dirección que almacenana, se preceden del operador unario * (contenido de la dirección almacenada en la variable que tienen detrás).

Un ejemplo de uso de parámetros por referencia es el siguiente, en el que se intercambian los valores de dos variables de la función `main` mediante el uso de una función que recibe dos parámetros por referencia:

```
void intercambia(int *u, int *v)
{
    int temp;
    temp = *u;
    *u = *v;
    *v = temp;
}
int main()
{
  int x=5, y=10;
  printf("Antes x=%d y=%d\n", x, y);
  intercambia(&x, &y);
  printf("Después x=%d y=%d\n",x, y);
  return 0;
}
```

La salida que se produciría por pantalla al ejecutar el código anterior sería la siguiente:

```
Antes x=5 y=10
Después x=10 y=5
```

Ejercicio 54. Búsqueda de máximo y mínimo en un vector

Enunciado

Dado un vector de valores enteros se pide lo siguiente:

a) Desarrollar una función en C, `Maximo`, que reciba un vector de enteros y el tamaño de dicho vector. La función debe devolver el valor máximo guardado en dicho vector.

b) Desarrollar una función en C, `Minimo`, que reciba un vector de enteros y el tamaño de dicho vector. La función debe devolver el valor mínimo guardado en dicho vector.

c) Desarrollar una función que reciba un vector de enteros y el tamaño de dicho vector y devuelva tanto el máximo como el mínimo de dicho vector.

Solución

Apartado a)

Se establecerá en primer lugar la cabecera de la función:

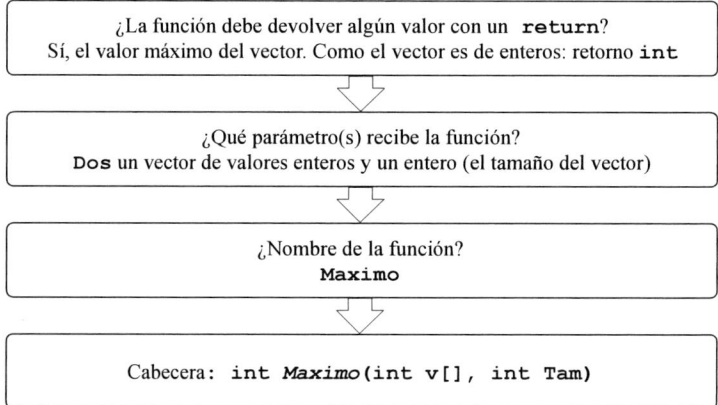

Una posible estrategia para el desarrollo del cuerpo de la función será recorrer el vector desde el principio y guardar en una variable auxiliar (`Max`) el valor máximo hasta ese momento:

```
...

for (i=0; i<Tam; i++)

    if (v[i] > Max)

        Max = v[i];

...
```

Pero, ¿qué valor debe tener la variable auxiliar inicialmente? Una buena estrategia es asignarle inicialmente el valor del primer elemento del vector:

```
...

Max = v[0];
```

```
for ...

...
```

De esta forma la función completa quedará así:

```
int Maximo(int v[], int Tam)
{
   int i, Max;

   Max = v[0];
   for (i=0; i<Tam; i++)
     if (v[i] > Max)
        Max = v[i];

   return Max;
}
```

Apartado b)

Para la búsqueda del valor mínimo de un vector la solución sería similar a la del máximo, pero cambiando básicamente la comparación a hacer en el if:

```
...
for (i=0; i<Tam; i++)
   if (v[i] < Min)
     Min = v[i];

...
```

Así, la función pedida sería:

```
int Minimo(int v[], int Tam)
{
   int i, Min;

   Min = v[0];
   for (i=0; i<Tam; i++)
     if (v[i] < Min)
        Min = v[i];

   return Min;
}
```

Apartado c)

Si la función pedida debe devolver tanto el máximo como el mínimo de un vector, las soluciones anteriores tienen un problema: mediante el return solo es posible devolver un valor, y se piden dos.

La solución pasa por variar la estrategia de retorno de valores y devolverlos mediante parámetros por referencia, en vez de mediante el return:

```
void MaxMin(int v[], int Tam, int *Max, int *Min)
{
    int i;

    *Max = v[0];
    *Min = v[0];
    for (i=0; i<Tam; i++)
        if (v[i] > *Max)
            *Max = v[i];
        else if (v[i] < *Min)
            *Min = v[i];
}
```

Vídeo asociado

 En el vídeo *Búsqueda de máximo y mínimo en un vector* se resuelven los tres apartados del ejercicio.

http://tiny.cc/0300_37

Punto clave: *Vectores como parámetros por referencia*

Al ser utilizados como parámetros de una función, los vectores son siempre parámetros por referencia, por lo que los cambios en sus elementos que se produzcan en la función se mantendrán al volver de la misma. De esta forma los vectores que sean parámetros de una función pueden ser parámetros de entrada y/o de salida.

A modo de ejemplo, se puede probar el siguiente código:

```
#define N 4

void duplicarValores(int v[], int tam)
{
    int i;
    for (i=0; i<tam; i++)
```

```
        v[i]=v[i]*2;
}


int main ()
{
  int i, v[N] = {2, -3, 0, 4};

  printf("Antes de la llamada:\n");
  for (i=0; i<N; i++)
    printf("%d ", v[i]);

  duplicarValores(v, N);

  printf("\nTras la llamada:\n");
  for (i=0; i<N; i++)
    printf("%d ", v[i]);

  return 0;
}
```

La salida que produciría por pantalla el código anterior sería la siguiente:

```
Antes de la llamada:
2 -3 0 4
Tras la llamada:
4 -6 0 8
```

Ejercicio 55. Normalización de los datos de un vector

Enunciado

En general, se entiende que la normalización es la operación mediante la cual unos valores de una determinada magnitud son transformados en otros, de tal manera que estos últimos pertenezcan a una escala predeterminada.

Es posible normalizar un conjunto de valores en el intervalo [0, 1] aplicando para cada valor la siguiente transformación:

$$v_i = \frac{a_i - min}{max - min}$$

donde ai es el valor a transformar, min y max son el mínimo y máximo del conjunto de valores y vi es el valor normalizado.

145

Siguiendo la expresión anterior, si tenemos el siguiente conjunto de valores guardados en un vector:

10	5	4	12	9	7

su normalización haría que el contenido del vector pasase a ser el siguiente:

0.75	0.125	0	1	0.625	0.375

Desarrollar una función que reciba un vector de números reales y su tamaño, normalizando el contenido de dicho vector al intervalo [0, 1] mediante la transformación indicada:

$$v_i = \frac{a_i - min}{max - min}$$

Indicar cómo sería la llamada a dicha función mediante un ejemplo de uso.

Solución

A partir del enunciado se planteará en primer lugar la cabecera de la función pedida:

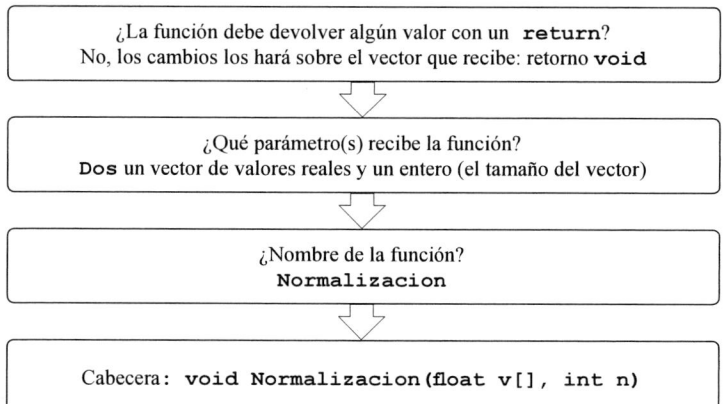

¿La función debe devolver algún valor con un `return`?
No, los cambios los hará sobre el vector que recibe: retorno **void**

¿Qué parámetro(s) recibe la función?
Dos un vector de valores reales y un entero (el tamaño del vector)

¿Nombre de la función?
`Normalizacion`

Cabecera: `void Normalizacion(float v[], int n)`

Con la cabecera clara, se procederá con el cuerpo de la función.

Para poder aplicar la transformación pedida hay que determinar el máximo y el mínimo del vector:

```
void Normalizacion(float v[], int n)
{
  int i, min, max;
  min = v[0];
  max = v[0];
  for (i=1; i<n; i++)
    if (v[i]<min) min = v[i];
    else if (v[i]>max) max = v[i];
}
```

Una vez calculados mínimo y máximo es interesante guardar en una variable la amplitud, ya que será el denominador de la expresión de transformación:

```c
void Normalizacion(float v[], int n)
{
  int i, min, max, amp;
  min = v[0];
  max = v[0];
  for (i=1; i<n; i++)
    if (v[i]<min) min = v[i];
    else if (v[i]>max) max = v[i];
  amp = max-min;
}
```

Ahora solo queda normalizar uno a uno los elementos del vector, con lo que se tendría la función completa:

```c
void Normalizacion(float v[], int n)
{
  int i, min, max, amp;
  min = v[0];
  max = v[0];
  for (i=1; i<n; i++)
    if (v[i]<min) min = v[i];
    else if (v[i]>max) max = v[i];
  amp = max-min;
  for (i=0; i<n; i++)
    v[i] = (v[i] - min) / amp;
}
```

En el enunciado se pedía también un ejemplo de uso donde se mostrara una llamada a la función; un ejemplo similar al siguiente valdría para satisfacer lo pedido:

```c
void Normalizacion(float v[], int n){
  ...
}
int main() {
  int i;
  float v[6] = {10, 5, 4, 12, 9, 7};
  Normalizacion(v, 6);
  for (i=0; i<6; i++)
```

```
    printf("%.3f ", v[i]);
  return 0;
}
```

El anterior código produciría la siguiente salida por pantalla:

0.750 0.125 0.000 1.000 0.625 0.375

Vídeo asociado

 En el vídeo *Normalización de los datos de un vector* se resuelve el ejercicio, tanto la función pedida como el ejemplo de uso.

http://tiny.cc/0300_38

Ejercicio 56. Programa para la gestión de los asientos de un autobús

Enunciado

Se pretende desarrollar un sencillo programa para la gestión de los asientos de un autobús de 10 plazas, numeradas del 0 al 9.

El programa permitirá la interacción del usuario mediante un menú, que se mostrará indefinidamente tras la realización de cada opción hasta que el usuario elija la opción de salir.

El menú ofrecerá tres opciones:

```
1. Reservar asiento

2. Ver asientos libres

0. Salir
```

En función de la opción elegida, el programa debe comportarse como se indica en el siguiente ejemplo de funcionamiento (en cursiva lo introducido por el usuario):

```
1. Reservar asiento

2. Ver asientos libres

0. Salir

  -> Seleccione una opción: 1
¿Qué asiento quieres? Entre 0 y 9: 2
Asiento 2 reservado.


1. Reservar asiento

2. Ver asientos libres
```

```
0. Salir

   -> Seleccione una opción: 1
¿Qué asiento quieres? Entre 0 y 9: 7
Asiento 7 reservado.


1. Reservar asiento
2. Ver asientos libres
0. Salir

   -> Seleccione una opción: 1
¿Qué asiento quieres? Entre 0 y 9: 2
ERROR: el asiento 2 ya estaba reservado


1. Reservar asiento
2. Ver asientos libres
0. Salir

   -> Seleccione una opción: 2
Asientos libres:
0 1 3 4 5 6 8 9
Hay 8 asientos libres.


1. Reservar asiento
2. Ver asientos libres
0. Salir

   -> Seleccione una opción: 0


Adios.
```

Solución

Una buena estrategia general para resolver el ejercicio sería la siguiente:

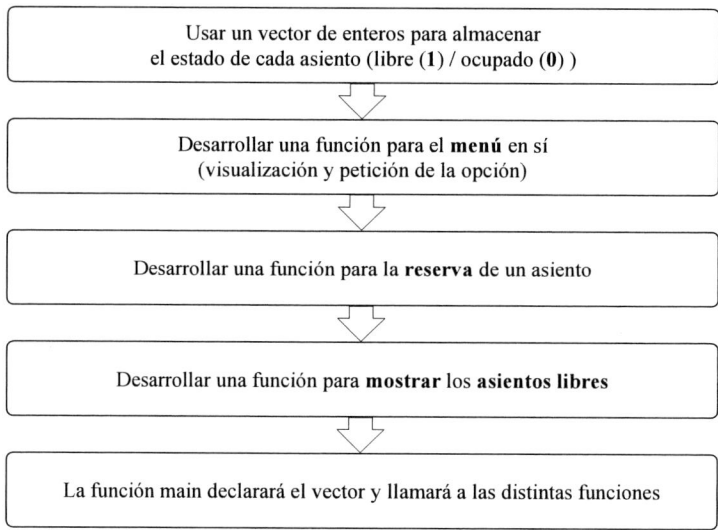

En la implementación de la solución es mejor si se opta por declarar constantes. De esta forma el código se podrá adaptar fácilmente cuando se cambie el programa para vehículos con un número distinto de plazas. Igualmente, con las constantes se podrá simplificar el uso de 1 y 0 para significar LIBRE / OCUPADO:

```
#define PLAZAS 10


#define LIBRE 1

#define OCUPADO 0


...

   int i, asientos[PLAZAS];

   //Inicializar todos los asientos a LIBRE

   for (i=0; i<PLAZAS; i++)

     asientos[i] = LIBRE;
```

Una vez consideradas las constantes, se verá una posible solución para la función encargada de la gestión del menú:

```
int Menu() {

    int opc;


    do {
        printf("\n1. Reservar asiento\n");

        printf("2. Ver asientos libres\n");

        printf("0. Salir\n");

        printf("  -> Seleccione una opcion: ");

        scanf("%d",&opc);
    } while (opc<0 || opc>2);


    return opc;

}
```

La función que implementa la reserva de un asiento deberá recibir como parámetro el vector que almacena la ocupación de los asientos hasta ese momento:

```
void ReservarAsiento(int asientos[]) {
    int plaza, tipo;
    do {
        printf("Que asiento quieres? Entre 0 y %d: ", PLAZAS-1);
        scanf("%d", &plaza);
    } while (plaza<0 || plaza>=PLAZAS);

    if (asientos[plaza] == LIBRE) {
        asientos[plaza] = OCUPADO;
        printf("Asiento %d reservado.\n", plaza);
    }
    else
        printf("ERROR: asiento %d ya estaba reservado\n", plaza);
}
```

Igualmente, la función para listar los asientos libres, también recibirá el vector de asientos como parámetro, recorriéndolo posteriormente elemento a elemento para cumplir con su propósito:

```c
void VerAsientosLibres(int asientos[]) {
    int i, total=0;

    printf("Asientos libres:\n");
    for (i=0; i<PLAZAS; i++)
      if (asientos[i] == LIBRE){
        printf("%d ", i);
        total++;
      }

    printf("\nHay %d asientos libres.\n", total);
}
```

Ahora solo queda implementar la función principal para que, haciendo uso de las funciones anteriores, resuelva lo pedido en el enunciado; la función principal debe declararse después de las funciones que utiliza, como si indica a continuación:

```c
#include ...
#define ...
int Menu() {
    ...
}

void ReservarAsiento(int asientos[]) {
    ...
}

void VerAsientosLibres(int asientos[]) {
    ...
}

int main() {
    int opc, i, asientos[PLAZAS];
```

```
for (i=0; i<PLAZAS; i++)
  asientos[i] = LIBRE;

do{
    opc = Menu();
    switch(opc)
    {
      case 1:
            ReservarAsiento(asientos);
            break;
      case 2:
            VerAsientosLibres(asientos);
            break;
      case 0:
            printf("\n\nAdios !\n\n");
            break;
    }
  } while (opc != 0);

  return 0;
}
```

Vídeo asociado

 En el vídeo *Programa para la gestión de asientos de un autobús* se plantea y se resuelve el ejercicio.

http://tiny.cc/0300_39

7

Búsquedas
y ordenación

La búsqueda de elementos que cumplan un determinado criterio es una operación fundamental en muchos desarrollos. Al realizarse sobre vectores, se trata de una operación sencilla que no plantea excesivos problemas.

La ordenación de un conjunto de valores es otra operación crítica en gran número de situaciones. Sin embargo, el ordenar un vector, especialmente el ordenarlo mediante un método eficiente, es bastante más complejo que la búsqueda de un elemento.

En este capítulo se incluirán conceptos y ejercicios relacionados con ambas operaciones: búsqueda y ordenación.

Punto clave: *Búsqueda secuencial de un elemento*

La búsqueda de un elemento consiste en localizar el elemento que cumple una determinada condición. Éstas son las dos condiciones que más habitualmente se buscan:

- Que el elemento sea igual a un valor dado.
- Que el elemento supere un umbral determinado (positivo o negativo).

Generalmente el resultado de la búsqueda es la posición del elemento que cumple la condición, o la indicación de que ningún elemento cumple dicha condición.

En la búsqueda secuencial en un vector, hay que recorrer los elementos del vector uno a uno (secuencialmente) hasta dar con aquella posición del vector que corresponde al elemento que cumple la condición.

En la búsqueda más habitual -que es la de un elemento cuyo valor coincida con uno dado- se cumplen estas premisas:

- Se comienza generalmente por el primer elemento.

- Finaliza si se ha encontrado el valor o si se ha llegado a la última posición del vector sin encontrar el elemento buscado (lo que primero ocurra).

- El contenido de cada una de las posiciones del vector se compara con el valor buscado.

Un ejemplo sencillo de función de búsqueda sería el siguiente, en el que se declara una función que recibe un vector de enteros, el tamaño del vector y el valor a buscar, devolviendo la función la posición de un elemento del vector cuyo valor coincide con el buscado; en caso de que ningún elemento del vector tenga el valor buscado la función retornará el valor -1.

```
int Busqueda_Secuencial(int v[], int tam, int n)
{

  int i, pos=-1;


  for (i=0; i<tam; i++)
       if (v[i]==n)
              pos = i;


  return pos;

}
```

En caso de que más de un elemento del vector contenga el valor buscado, la función anterior devolverá la posición del último elemento que satisfaga dicha condición. Señalar que un posible inconveniente de la función anterior es que se recorre siempre todo el vector.

Ejercicio 57. Búsqueda de la primera ocurrencia de un valor en un vector

Enunciado

Desarrollar una función que reciba un vector de enteros, el tamaño de dicho vector, y un valor a buscar.

La función debe devolver la posición de la *primera ocurrencia* del valor en el vector, o el valor -1 si el valor buscado no está en el vector.

En caso de que el valor se encuentre en el vector, se debe evitar en la medida de lo posible que la función recorra todo el vector.

Solución

A partir del enunciado, la cabecera de la función pedida es muy sencilla de determinar:

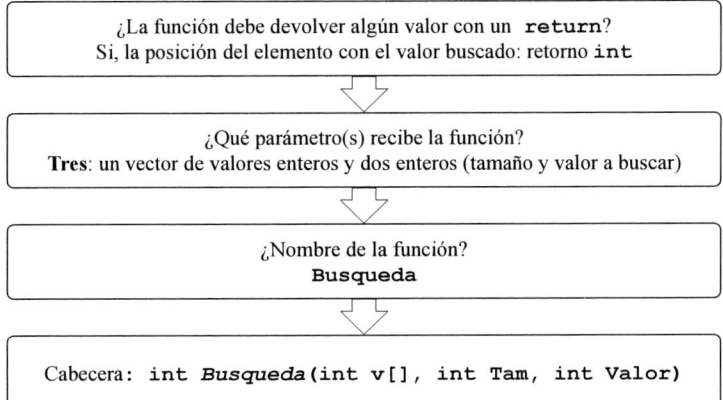

Con la cabecera definida, se procederá con el cuerpo de la función.

La estrategia a seguir para localizar el elemento buscado en el vector es muy sencilla, recorrer el vector desde el principio y devolver la posición del primer elemento igual a `Valor`:

```
...
for (i=0; i<Tam; i++)
   if (v[i] == Valor)
      return i;
...
```

La siguiente cuestión es qué hacer para contemplar el caso de que el valor no esté en el vector. Simplemente, tras recorrer todo el vector retornar el valor -1:

```
...
for ...
...
return -1;
```

Con todo, la función completa quedaría así:

```
int Busqueda(int v[], int Tam, int Valor)
{
   int i;

   for (i=0; i<Tam; i++)
      if (v[i] == Valor)
         return i;

   return -1;
}
```

José Antonio Gil Gómez

Vídeo asociado

 En la primera parte del vídeo *Búsqueda secuencial en vectores* se resuelve este ejercicio.

http://tiny.cc/0300_40

Ejercicio 58. Búsqueda de la última ocurrencia de un valor en un vector

Enunciado

Desarrollar una función que reciba un vector de enteros, el tamaño de dicho vector, y un valor a buscar.

La función debe devolver la posición de la última *ocurrencia* del valor en el vector, o el valor -1 si el valor buscado no está en el vector.

En caso de que el valor se encuentre en el vector, se debe evitar en la medida de lo posible que la función recorra todo el vector.

Solución

A partir del enunciado, la cabecera de la función pedida es muy sencilla de determinar:

```
int Busqueda(int v[], int Tam, int Valor)
```

Para resolver la búsqueda pedida, bastará con recorrer el vector en sentido inverso, desde el final, y devolver la posición del primer elemento igual a `Valor`. En caso de que se termine el bucle sin haber encontrado el valor buscado, se devolverá -1.

```
int Busqueda(int v[], int Tam, int Valor)
{
    int i;

    for (i=Tam-1; i>=0; i--)
        if (v[i] == Valor)
            return i;

    return -1;
}
```

Vídeo asociado

 En la segunda mitad del vídeo *Búsqueda secuencial en vectores* se resuelve este ejercicio.

http://tiny.cc/0300_40

Punto clave: *Ordenación de vectores mediante el método de la burbuja*

Al manejar un conjunto de datos, especialmente en estructuras compuestas homogéneas, como los vectores, una de las necesidades que surge en ocasiones es la ordenación de los datos de una o varias estructuras.

Esta ordenación puede ser creciente (de menor a mayor), decreciente (de mayor a menor) y puede afectar a más de un conjunto de datos.

Existen múltiples métodos de ordenación: *quicksort, heapsort, insertion sort, binary tree sort...*

Uno de los métodos más habituales a la hora de ordenar un conjunto de valores es el método de la burbuja (*bubble sort*), también conocido como método de intercambio directo.

El método de la burbuja se basa en hacer una serie de pasadas sobre un conjunto de valores; en cada pasada se compara cada valor con el siguiente, *intercambiando* ambos valores en caso de que estén "*desordenados*" entre sí.

Veamos como sería una pasada en un conjunto de valores si ordenamos de menor a mayor:

```
7  5  9  3  1

7  5  9  3  1

5  7  9  3  1

5  7  9  3  1

5  7  9  3  1

5  7  3  9  1

5  7  3  9  1

5  7  3  1  9

5  7  3  1  9
```

Con la primera pasada se aseguraría que al final quede el mayor elemento. Con una segunda pasada se aseguraría que al final queden los dos mayores elementos, y así con sucesivas pasadas.

Con todo el número máximo de pasadas a realizar en un conjunto de **n** elementos para asegurar que queden ordenados es de **n-1** pasadas: si hay **n** elementos, con n-1 pasadas estarían ordenados los n-1 mayores elementos, pero el restante (el menor elemento) quedará pues también ordenado.

En C, el método de la burbuja general, para ordenación creciente de un vector, puede expresarse de la siguiente manera (suponiendo declaradas las variables):

```
ordenado=0; /* Valor inicial para que entre en el while */
i=1;        /* Indica el número de pasada */
while (ordenado==0)   /* Repetir si ha habido intercambio */
{
  ordenado=1;
  for (j=0; j<RANGO - i; j++)
      if (v[j] > v[j+1])   /* Elemento mayor que el siguiente:
                              intercambiar */
      {
        aux=v[j];
        v[j]=v[j+1];
        v[j+1]=aux;
        ordenado=0;          /* Ha habido un intercambio:
                                poner ordenado a 0 */
      }
  i++;
}
```

Si la ordenación se pretende hacer decreciente, bastaría con cambiar el operador relacional del if y poner < en su lugar.

Ejercicio 59. Ordenación en C mediante el método de la burbuja

Enunciado

Se tiene una clase con 20 alumnos, y se pide realizar un programa que:

1. Lea de teclado las notas de los 20 alumnos.
2. Ordene las notas de los alumnos de mayor a menor.
3. Muestre por pantalla la nota media de los tres mejores alumnos de la clase.

Ejemplo de funcionamiento (en cursiva lo introducido por el usuario).

```
Nota del alumno 1: 7.25
Nota del alumno 2: 6.5
...
Nota del alumno 20: 9.2
Media de los 3 mejores: 8.85
```

Desarrollar tantas funciones como se estime oportuno en el desarrollo del programa.

Solución

Una buena estrategia para resolver el ejercicio pasaría por plantear correctamente la estructura de datos a utilizar y las funciones a implementar.

En cuanto a la estructura de datos, lo más lógico es utilizar un vector de valores reales para las notas de los 20 alumnos.

En cuanto a las funciones a implementar, una buena solución sería implementar estas tres funciones:

- Una función principal (`main`).
- Una función para leer las notas de los alumnos (`leerNotas`).
- Una función para ordenar (por ejemplo, de mayor a menor) las notas de los alumnos (`ordenar`).

La función principal se encargaría de declarar el vector, llamar a las funciones leerNotas y ordenar, y calcula y mostrar la media de los 3 mayores valores. Esta función, junto con la definición de constantes, podría ser algo así:

```c
#define N 20


/* Aquí irán las funciones leerNotas y ordenar */


int main ()
{
  float notas[N], media;

  leerNotas(notas, N);
  ordenar(notas, N);

  media=(notas[0]+notas[1]+notas[2])/3;
  printf("Media de los 3 mejores: %.2f", media);
  return 0;
}
```

La función `leerNotas` (que se implementará antes que la función principal) se encargará de pedir las notas de los estudiantes y guardarlas en el vector:

```c
void leerNotas (float notas[], int tam)
{
  int i;

  for (i=0; i<tam; i++)
  {
```

```
    printf("Nota del alumno %d:", i+1);
    scanf("%f", &notas[i]);
  }
}
```

Por último, la función `ordena` (que también se implementará antes que la función principal) ordenará el vector en sentido decreciente, de forma que en las tres primeras posiciones se quedarán los tres mayores valores.

```
void ordenar(float v[], int tam)
{
  int i=1, j, ordenado=0;
  float aux;

  while (ordenado==0)
  {
    ordenado=1;
    for (j=0; j<tam-i; j++)
      if (v[j] < v[j+1])
      {
        aux = v[j];
        v[j] = v[j+1];
        v[j+1] = aux;
        ordenado = 0;
      }
    i++;
  }
}
```

Vídeo asociado

 En el vídeo *Ordenación en C mediante el método de la burbuja* se introduce el método de ordenación de la burbuja y se resuelve este ejercicio.

http://tiny.cc/0300_41

Ejercicio 60. Ordenación en C de datos de vehículos en ficheros

Enunciado

La planta de producción de vehículos Fhort produce dos modelos de coches: Siesta y Tondeo. En un fichero de texto (`total.txt`) tienen almacenados el total de unidades producidas en la planta cada año, desde el año 2010 hasta el 2017. Dicho fichero presenta una estructura similar a la que se aprecia aquí:

```
2010  3682  824
2011  2597  897
2012  3058  1368
2013  3303  1078
2014  1780  1369
2015  3021  1185
2016  2179  1315
2017  3748  1581
```

La primera línea del contenido anterior indicaría que en 2010 se produjeron 3682 unidades del Fhort Siesta y 824 del Fhort Tondeo.

Se pide:

a) Desarrollar una función en C, `ordena`, que a partir de los datos del fichero `total.txt` genere un nuevo fichero (`orden.txt`) en el que se guarden en cada línea dos valores: año y total de unidades producidas dicho año (este total es la suma de las unidades producidas de Fhort Siesta y de Fhort Tondeo).

Dichas líneas deben aparecer *ordenadas en sentido decreciente por el total de unidades producidas. Si en más de un año el número de unidades producidas es el mismo*, en el fichero *debe aparecer en primer lugar la línea correspondiente al año más reciente*. Para un fichero con un contenido similar al anterior, la función generará un fichero similar al que se muestra a la derecha.

Si la función tiene algún problema con los ficheros debe retornar 0. En caso contrario retornará el año en que se produjeron menos vehículos. Si hay más de un año en que se produjeron menos vehículos debe retornar el año más antiguo.

b) Desarrolla una función principal (`main`) que llame a la función para que cumpla su cometido; dicha función principal debe mostrar, además, si la función tuvo problemas de ficheros o si no los tuvo.

Por último, la función principal debe mostrar también -en caso de que la función ordena no haya tenido problemas de ficheros- el año en que se produjeron menos vehículos. Si hay más de un año en que se produjeron menos vehículos debe mostrar el año más antiguo.

José Antonio Gil Gómez

Ejemplo de funcionamiento (para el caso en que el fichero tenga un contenido similar al indicado antes); la ejecución del código pedido generaría el fichero `orden.txt` que se muestra a la derecha:

```
2010  3682  824
2011  2597  897
2012  3058  1368
2013  3303  1078
2014  1780  1369
2015  3021  1185
2016  2179  1315
2017  3748  1581
```

⇨

```
2017  5329
2010  4506
2012  4426
2013  4381
2015  4206
2016  3494
2011  3494
2014  3149
```

Nótese que en el fichero `orden.txt` aparece antes el año 2016 que el año 2011, pues la producción de vehículos en ambos años fue la misma pero el año 2016 es más reciente que el 2011.

Además, la ejecución mostraría lo siguiente por pantalla:

```
Función ordena ejecutada sin problemas de ficheros.
El año en que se produjeron menos unidades fue 2014.
```

Solución

Apartado a)

Una buena estrategia para resolver el apartado a) (función `ordena`) sería identificar en primer lugar las tres partes diferenciadas de la función:

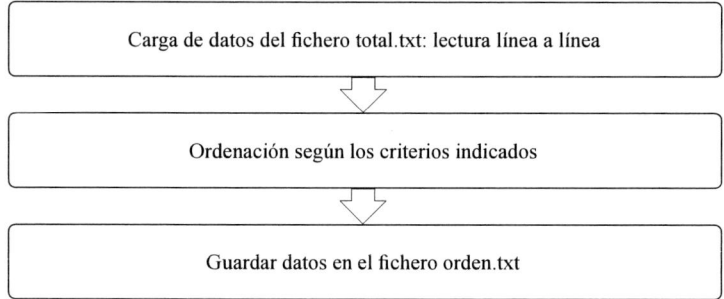

Carga de datos del fichero total.txt: lectura línea a línea

⇩

Ordenación según los criterios indicados

⇩

Guardar datos en el fichero orden.txt

Para la función `ordena` hay que establecer en primer lugar su cabecera, así como las principales variables a utilizar; es aconsejable la definición de una constante simbólica para representar el número de años con el que se está trabajando:

```
#define ANYOS 8
```

```
int ordena()
{
  int a[ANYOS], p[ANYOS]; /* años, producción */
  int i, j, ordenado=0, aux, siesta, tondeo;
  FILE *f;
  ...
}
```

El primero de los pasos indicados en la estrategia señalada (carga de datos del fichero `total.txt`) se puede resolver aprovechando que se conoce *a priori* el número de líneas a recuperar del fichero:

```
...
 /* Cargar datos de fichero */
 f = fopen("total.txt", "r");
 if (f==NULL) return 0;

 for (i=0; i<ANYOS; i++) {
  fscanf(f, "%d%d%d", &a[i], &siesta, &tondeo);
  p[i]=siesta+tondeo;
  }
 fclose(f);
...
```

Para el siguiente paso (ordenación según los criterios indicados), se utiliza el método de la burbuja:

```
...
 /* Ordenar vectores */
 i=1;
 while (ordenado==0)
 {
   ordenado=1;
   for (j=0; j<ANYOS-i; j++)
```

```
    if ((p[j] < p[j+1]) ||
        ((p[j] == p[j+1]) && (a[j] < a[j+1])) )
    {
        aux = a[j];
        a[j] = a[j+1];
        a[j+1] = aux;
        aux = p[j];
        p[j] = p[j+1];
        p[j+1] = aux;
        ordenado = 0;
    }
    i++;
}
...
```

La primera condición del if (p[j] < p[j+1]) resuelve el criterio de que las líneas deben aparecer ordenadas en sentido decreciente por el total de unidades producidas.

La segunda condición del if ((p[j] == p[j+1]) && (a[j] < a[j+1])) resuelve el criterio secundario: si en más de un año el número de unidades producidas es el mismo, en el fichero debe aparecer en primer lugar la línea correspondiente al año más reciente.

Por último, restaría el último paso (guardar datos en el fichero orden.txt):

```
...
/* Guardar datos */
f = fopen("orden.txt", "w");
if (f==NULL) return 0;

for (i=0; i<ANYOS; i++)
    fprintf(f, "%d %d\n", a[i], p[i]);

fclose(f);

return a[ANYOS-1];
}
```

Es interesante notar cómo se ha implementado el último return: devuelve el año del último elemento del vector, es decir, el año en que se produjeron menos vehículos. Además, dada la ordenación llevada a cabo, también resuelve que si hay más de un año en que se produjeron menos vehículos debe retornar el año más antiguo.

Con todo lo anterior junto, la función ordena queda de esta forma:

```
#define ANYOS 8

int ordena()
{
  int a[ANYOS], p[ANYOS]; /* años, producción */
  int i, j, ordenado=0, aux, siesta, tondeo;
  FILE *f;

 /* Cargar datos de fichero */
  f = fopen("total.txt", "r");
  if (f==NULL) return 0;

  for (i=0; i<ANYOS; i++) {
   fscanf(f, "%d%d%d", &a[i], &siesta, &tondeo);
   p[i]=siesta+tondeo;
   }
  fclose(f);

 /* Ordenar vectores */
  i=1;
  while (ordenado==0)
  {
    ordenado=1;
    for (j=0; j<ANYOS-i; j++)
      if ((p[j] < p[j+1]) ||
          ((p[j] == p[j+1]) && (a[j] < a[j+1])))
      {
        aux = a[j];
        a[j] = a[j+1];
        a[j+1] = aux;
        aux = p[j];
        p[j] = p[j+1];
        p[j+1] = aux;
        ordenado = 0;
```

```
        }
     i++;
  }


 /* Guardar datos */
 f = fopen("orden.txt", "w");
 if (f==NULL) return 0;

 for (i=0; i<ANYOS; i++)
  fprintf(f, "%d %d\n", a[i], p[i]);

 fclose(f);

 return a[ANYOS-1];
}
```

Apartado b)

Para resolver este apartado la mejor opción es aprovechar que la función ordena devuelve el dato que se pide que se muestre por pantalla.

Considerando lo anterior, la solución para la función principal que llama a la función ordena y muestra lo pedido podría ser:

```
...
int main(){
   int aux;

   aux = ordena();

   if (aux==0)
      printf("Error con ficheros en función Ordena.\n");
   else {
      printf("Función Ordena ejecutada sin problemas\n");
      printf("El año con menos unidades fue %d.\n",aux);
   }

   return 0;
}
```

Vídeo asociado

 En el vídeo *Ordenación en C de datos de vehículos en ficheros* se lleva a cabo una breve introducción al método de ordenación de la burbuja y se plantea y resuelve este ejercicio.

http://tiny.cc/0300_42

Ejercicio 61. Ordenación en C de vectores de lluvia y temperatura

Enunciado

Se quieren mostrar por pantalla los meses del año, ordenados en función de la cantidad de lluvia que registran (de mayor a menor). En caso de que la lluvia registrada sea la misma, se mostrarán en primer lugar los meses más fríos. Para ello se pide realizar un programa que:

1. Lea de teclado la pluviometría y la temperatura de cada uno de los 12 meses, almacenando dichos datos en sendos vectores.
2. Realice una ordenación de los vectores según el criterio indicado.
3. Muestre por pantalla los datos tras la ordenación con el criterio indicado.

Ejemplo de funcionamiento (en *cursiva* lo introducido por el usuario):

```
Pluviometría mes 1: 39.1
Temperatura mes 1: -0.1
Pluviometria mes 2: 40.2
Temperatura mes 2: 2.5
Pluviometria mes 3: 0
Temperatura mes 3: 9.2
Pluviometria mes 4: 0
Temperatura mes 4: 10.9
Pluviometria mes 5: 12.9
Temperatura mes 5: 15.6
Pluviometria mes 6: 11.5
Temperatura mes 6: 17.5
Pluviometria mes 7: 22.5
Temperatura mes 7: 21.9
Pluviometria mes 8: 55.5
Temperatura mes 8: 23.1
Pluviometria mes 9: 140.3
Temperatura mes 9: 21.2
Pluviometria mes 10: 86.3
```

```
Temperatura mes 10: 18.1
Pluviometria mes 11: 97.1
Temperatura mes 11: 7.1
Pluviometria mes 12: 86.3
Temperatura mes 12: 4.3


Datos ordenados:
Mes 9 (pluviometria: 140.3, temperatura: 21.2)
Mes 11 (pluviometria: 97.1, temperatura: 7.1)
Mes 12 (pluviometria: 86.3, temperatura: 4.3)
Mes 10 (pluviometria: 86.3, temperatura: 18.1)
Mes 8 (pluviometria: 55.5, temperatura: 23.1)
Mes 2 (pluviometría: 40.2, temperatura: 2.5)
Mes 1 (pluviometria: 39.1, temperatura: -0.1)
Mes 7 (pluviometria: 22.5, temperatura: 21.9)
Mes 5 (pluviometria: 12.9, temperatura: 15.6)
Mes 6 (pluviometría: 11.5, temperatura: 17.5)
Mes 3 (pluviometria: 0.0, temperatura: 9.2)
Mes 4 (pluviometria: 0.0, temperatura: 10.9)
```

Solución

Estrategia para guardar los datos.

Una buena estrategia para guardar los datos introducidos por el usuario es utilizar dos vectores de 12 elementos reales.

Para guardar la pluviometría de cada mes se utilizará un vector como éste:

	0	1	2	3	4	5	...	10	11
pluv	39.1	40.2	0	0	12.9	11.5	...	97.1	86.3

Y un vector similar para guardar la temperatura de cada mes:

	0	1	2	3	4	5	...	10	11
temp	-0.1	2.5	9.2	10.9	15.6	17.5	...	7.1	4.3

En las estructuras anteriores, los datos de la posición 0 de un vector corresponderán al mes 1, los de la posición 1 al mes 2...; en general los datos del elemento i corresponderán al mes i+1, y los datos del mes j estarán en el elemento j-1.

Estrategia al ordenar datos.

Cuando se intercambien dos elementos en un vector, deberán intercambiarse también los elementos correspondientes del otro vector:

pluv	0	1	2	...			0	1	2	...
	39.1	40.2	0		⇒		40.2	39.1	0	

temp	0	1	2	...			0	1	2	...
	-0.1	2.5	9.2		⇒		2.5	-0.1	9.2	

La estrategia anterior permite mantener la correspondencia entre los datos de pluviometría y de temperatura, pero hay un problema: los datos del elemento i dejarán de corresponder al mes i+1.

Una buena solución para solventar el problema anterior es utilizar un tercer vector que indique, en todo momento, el mes al que corresponden los datos almacenados en una posición determinada:

pluv	0	1	2	3	4	5	...	10	11
	39.1	40.2	0	0	12.9	11.5	...	97.1	86.3

temp	0	1	2	3	4	5	...	10	11
	-0.1	2.5	9.2	10.9	15.6	17.5	...	7.1	4.3

meses	0	1	2	3	4	5	...	10	11
	1	2	3	4	5	6	...	11	12

De esta forma, cuando se intercambien dos elementos en un vector, deberán intercambiarse también los elementos correspondientes de los otros vectores:

pluv	0	1	2	...			0	1	2	...
	39.1	40.2	0		⇒		40.2	39.1	0	

temp	0	1	2	...			0	1	2	...
	-0.1	2.5	9.2		⇒		2.5	-0.1	9.2	

meses	0	1	2	...			0	1	2	...
	1	2	3		⇒		2	1	3	

Estrategia general.

A la hora de abordar el problema en su conjunto, una buena estrategia es implementar tres funciones además de la función principal:

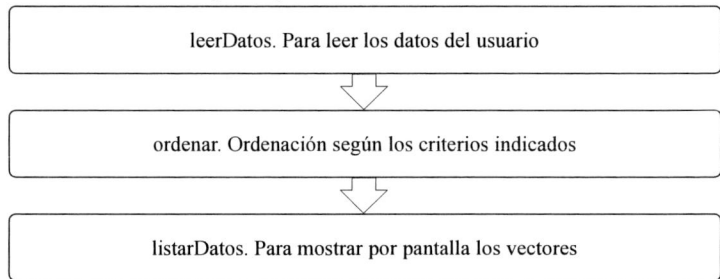

La función `main` se encargaría de declarar los vectores y llamar a las funciones (previamente se declarará una constante con el total de meses):

```
##define M 12
```

```
/* Aquí irán las funciones leerDatos, ordenar y listarDatos*/
```

```
int main ()
{
  float pluv[M], temp[M];
  int meses[M];

  leerDatos(pluv, temp, meses);
  ordenar(pluv, temp, meses);
  listarDatos(pluv, temp, meses);

  return 0;
}
```

Así quedaría la implementación de la función `leerDatos`. Cuidado: se deberá implementar antes de la función principal. Nótese que para esta solución no se pasa el tamaño de los vectores, se usa la constante M. Además, los datos de los vectores de pluviometría y temperatura se piden al usuario; los del vector `meses` se rellenan directamente:

```
void leerDatos(float p[], float t[], int m[])
{
  int i;

  for (i=0; i<M; i++)
```

```
    {
        printf("Pluviometría mes %d: ", i+1);
        scanf("%f", &p[i]);
        printf("Temperatura mes %d: ", i+1);
        scanf("%f", &t[i]);
        m[i] = i+1;
    }
}
```

La función `ordenar`. También se deberá implementar antes de la función principal:

```
void ordenar(float p[], float t[], int m[])
{
    int i=1, j, ordenado=0, auxi;
    float auxf;

    while (ordenado==0)
    {
        ordenado=1;
        for (j=0; j<M-i; j++)
            if ( (p[j] < p[j+1]) ||
                 (p[j] == p[j+1] && t[j]>t[j+1]) )
            {
                auxf = p[j];
                p[j] = p[j+1];
                p[j+1] = auxf;

                auxf = t[j];
                t[j] = t[j+1];
                t[j+1] = auxf;

                auxi = m[j];
                m[j] = m[j+1];
                m[j+1] = auxi;
                ordenado = 0;
            }
        i++;
    }
}
```

La primera condición del if (`p[j] < p[j+1]`) resuelve el criterio de que los meses se han de ordenar de mayor a menor cantidad de lluvia registrada.

La segunda condición del if (`(p[j] == p[j+1]) && (t[j] > t[j+1])`) resuelve el criterio secundario: si en más de un mes la lluvia registrada es la misma, deben ir antes los meses más fríos.

Por último, restaría la función `listarDatos`, que también se implementará antes que la función principal:

```
void listarDatos(float p[], float t[], int m[])
{
  int i;

  printf("\nDatos ordenados:\n");
  for (i=0; i<M; i++)
    printf("Mes %d (pluviometría: %.1f, temperatura: %.1f)\n", m[i], p[i], t[i]);
}
```

Vídeo asociado

 En el vídeo *Ordenación en C de vectores de temperatura y lluvia* se comienza con una breve introducción al método de ordenación de la burbuja y se plantea y resuelve este ejercicio.

http://tiny.cc/0300_43

8

Cadenas de caracteres

Las cadenas de caracteres, también conocidas por el término en inglés *string* o simplemente *cadenas*, se representan en C mediante vectores de caracteres. Este tipo de vectores se puede tratar de forma diferente a vectores cuyos elementos son de otro tipo.

Las cadenas suelen tener un significado especial, formando una palabra o conjunto de palabras. Por ello, los elementos del vector podemos considerarlos:

- De forma individual elemento a elemento (igual que, por ejemplo, los vectores numéricos).

- De forma colectiva (como un todo): tendremos funciones especiales para trabajar las cadenas de caracteres.

En este capítulo se incluirán conceptos y ejercicios relacionados con las cadenas de caracteres, y se tratarán las principales formas que hay a la hora de trabajar con cadenas.

Punto clave: *Cadenas de caracteres*

Una cadena o string es un vector de caracteres.

En lenguaje C una cadena termina con la primera aparición en el vector del carácter *fin de cadena*, representado por `'\0'`:

0	1	2	3	4	...	N-1
'H'	'o'	'l'	'a'	'\0'		

Lo que hay tras la primera aparición del `'\0'` no formaría parte de la cadena que representa el vector de caracteres.

Al tratarse de vectores, las cadenas se declaran en C como cualquier otro vector:

- De forma estática:

```
/*cad permite cadenas de hasta 30 caracteres */
/*pues hay que descontar 1 caracter para el \0 */
char cad[31];
```

- De forma dinámica:

```
char *cad2;
cad2 = (char *) malloc(31*sizeof(char));
```

Es posible inicializar una cadena en su declaración:

- Elemento a elemento, con caracteres, y por tanto con comillas simples:

```
char cad3[10 ]={'H','o','l','a','\0'};
```

cad3 tendrá este valor:

0	1	2	3	4	...	9
'H'	'o'	'l'	'a'	'\0'		

Con una cadena, y por tanto con comillas dobles:

```
char cad4[ ]="Hola";
```

cad4 tendrá este valor:

0	1	2	3	4
'H'	'o'	'l'	'a'	'\0'

Punto clave: *Funciones de salida estándar para cadenas de caracteres*

Para mostrar por pantalla cadenas de caracteres, hay dos funciones que se utilizan con mayor frecuencia:

- La función `printf`, que muestra la cadena hasta encontrar el primer '\0'.

```
printf("%s", cadena);
```

- La función `puts`, que muestra la cadena hasta encontrar el primer '\0' (como printf) pero añade un salto de línea tras la cadena.

```
puts(cadena);
```

Ambas funciones pertenecen a la librería estándar `stdio.h`

`printf` es más versátil que `puts`, puesto que permite añadir un contexto a la cadena que se escribe.

Ejercicio 62. Escritura en pantalla de cadenas de caracteres

Enunciado

Indicar qué mostrará por pantalla la ejecución del siguiente código:

```c
#include <stdio.h>
int main()
{
  char cadena[100]="Cadena de prueba";

  printf("\nprintf en un contexto:\n");
  printf("xxxxx");
  printf("%s", cadena);
  printf("zzzzz");

  printf("\nputs en un contexto:\n");
  printf("xxxxx");
  puts(cadena);
  printf("zzzzz");

  return 0;
}
```

Solución

El código anterior mostrará lo siguiente por pantalla:

```
printf en un contexto:
xxxxxCadena de pruebazzzzz
puts en un contexto:
xxxxxCadena de prueba
zzzzz
```

Al revisar lo que muestra hay que considerar que `printf` permite poner mostrar una cadena en un contexto y que `puts` añade un salto de línea tras mostrar la cadena.

Vídeo asociado

 En el vídeo *Tratamiento de cadenas en entrada y salida estándar con C* se desarrolla este ejercicio como ejemplo en la parte inicial del vídeo.

http://tiny.cc/0300_44

Punto clave: *Lectura de palabras en entrada estándar*

Para leer palabras introducidas por teclado en cadenas de caracteres se utiliza la función `scanf`, con `%s`:

```
scanf("%s", cadena);
```

Hay que tener en cuenta lo siguiente:

- `"%s"` indica que lo que se va a leer es una cadena (string).
- No hay que poner '`&`' delante de la variable donde se guardará lo introducido.
- Almacena todos los caracteres introducidos hasta encontrar un espacio, un tabulador o un retorno de carro/salto de línea.
- Se utiliza habitualmente para leer palabras sueltas.
- La función añade automáticamente el `\0` al final de la cadena leída.

La función pertenece a la librería estándar `stdio.h`

Ejercicio 63. Lectura de palabras desde entrada estándar

Enunciado

Indicar qué mostrará por pantalla la ejecución del siguiente código, teniendo en cuenta que el usuario introduce el texto `Prueba de la función` cuando el programa le pide que escriba lo que quiera:

```c
#include <stdio.h>
int main()
{
  char cadena[100];

  printf("Escribe lo que quieras:\n");
  scanf("%s", cadena);

  printf("En la variable se ha guardado esto:\n");
  printf("%s\n", cadena);

  return 0;
}
```

Solución

El código anterior mostrará lo siguiente por pantalla (en cursiva lo introducido por teclado por el usuario):

```
Escribe lo que quieras:
```
Prueba de la función
```
En la variable se ha guardado esto:
```
```
Prueba
```

Como puede observarse, en la cadena solo se ha guardado la palabra `Prueba`, descartándose lo introducido posteriormente por el usuario.

Vídeo asociado

 En el vídeo *Tratamiento de cadenas en entrada y salida estándar con C* se desarrolla este ejercicio como segundo ejemplo en la parte inicial del vídeo.

http://tiny.cc/0300_44

Punto clave: *Lectura de cadenas en entrada estándar*

Para leer cadenas introducidas por teclado en cadenas de caracteres se utiliza la función `gets`:

```
gets(cadena);
```

Hay que tener en cuenta lo siguiente:

- Almacena todos los caracteres hasta encontrar el return o salto de línea.
- No hay que poner '`&`' delante de la variable donde se guardará lo introducido.
- Se utiliza habitualmente para leer cadenas que puedan contener varias palabras.
- La función añade automáticamente el `\0` al final de la cadena leída.

La función pertenece a la librería estándar `stdio.h`

Ejercicio 64. Lectura de cadenas desde entrada estándar

Enunciado

Indicar qué mostrará por pantalla la ejecución del siguiente código, teniendo en cuenta que el usuario introduce el texto `Prueba de la función` cuando el programa le pide que escriba lo que quiera:

```c
#include <stdio.h>
int main()
{
  char cadena[100];

  printf("Escribe lo que quieras:\n");
  gets(cadena);

  printf("En la variable se ha guardado esto:\n");
  printf("%s\n", cadena);

  return 0;
}
```

Solución

El código anterior mostrará lo siguiente por pantalla (en cursiva lo introducido por teclado por el usuario):

```
Escribe lo que quieras:
```
Prueba de la función
```
En la variable se ha guardado esto:
```
```
Prueba de la función
```

Como puede observarse, en la cadena se ha guardado todo lo introducido por el usuario, y no sólo la palabra `Prueba`, como ocurriría si se hubiera leído con `scanf("%s", cadena)`.

Vídeo asociado

En el vídeo *Tratamiento de cadenas en entrada y salida estándar con C* se desarrolla este ejercicio como tercer ejemplo en la parte inicial del vídeo.
http://tiny.cc/0300_44

Ejercicio 65. Lectura de usuario y contraseña

Enunciado

Desarrollar un programa que pida un usuario y una contraseña.

El usuario puede ser compuesto, pero la contraseña no puede contener espacios. En caso de que introduzca más de una palabra como contraseña, el programa sólo se quedará con la primera de las palabras para que realice esa función.

Tras la introducción de lo pedido el programa mostrará el usuario y contraseña que se han guardado.

Ejemplo de funcionamiento (en cursiva lo introducido por el usuario).

```
Dame el usuario: Adriana Patraix
Dame la contraseña: Adri2011 Patr0317
Usuario guardado: Adriana Patraix
Contraseña guardada: Adri2011
```

Solución

La estrategia básica para abordar la solución pasa por usar dos funciones distintas para usuario y contraseña:

> **gets**. Para leer el usuario ya que puede ser compuesto

> **scanf**. Para leer la contraseña y evitar que pueda tener espacios en blanco

Considerando lo anterior, una posible solución sería:

```c
#include <stdio.h>
int main()
{
  char usu[100], con[100];

  printf("Dame el usuario: ");
  gets(usu);
  printf("Damo la contrasoña: ");
  scanf("%s", con);

  printf("Usuario guardado: %s\n", usu);
  printf("Contraseña guardada: %s\n", con);

  return 0;
}
```

Vídeo asociado

 En el vídeo *Tratamiento de cadenas en entrada y salida estándar con C* se desarrolla este ejercicio en la parte final del vídeo.

http://tiny.cc/0300_44

Punto clave: *Funciones más usadas de la librería `string.h`*

`string.h` es un archivo de la librería estándar del lenguaje C que incluye, entre otras, la definición de funciones que simplifican el trabajo con cadenas de caracteres en C.

Como en cualquier librería de C, es necesario incluirla en nuestros programas si queremos utilizar sus funciones:

```
#include <string.h>
```

Las funciones más utilizadas habitualmente de `string.h` son las siguientes:

```
strlen
strcpy
strcat
strcmp
```

`strlen` permite obtener el tamaño de una cadena de caracteres. De esta forma este código:

```
...
char Cad[8] = "Ana";
printf("Tam: %d\n", strlen(Cad));
...
```

Mostrará por pantalla:

```
Tam: 3
```

`strcpy` copia una cadena de caracteres a otra. El siguiente código:

```
...
char Cad[8] = "Ana";
char Cad2[8];
strcpy(Cad2, Cad);
printf("Cad2: %s\n", Cad2);
...
```

Mostrará por pantalla lo siguiente:

```
Cad2: Ana
```

strcat concatena una cadena de caracteres a otra. Este código:

```
...
char Cad[20] = "Adri";


strcat(Cad, "ana");
printf("Cad: %s\n", Cad);
...
```

Mostrará:

```
Cad: Adriana
```

strcmp compara dos cadenas de caracteres, y devuelve un valor que es:

- 0 si cadena1 = = cadena2.
- > 0 si cadena1 > cadena2.
- < 0 si cadena1 < cadena2.

Considerando lo anterior, este código:

```
...
char Cad[8] = "Ana", Cad2[8] = "Mar";
if (strcmp(Cad, Cad2) == 0)
    printf("Las cadenas son iguales\n");
else
    printf("Las cadenas son diferentes\n");
...
```

Mostrará por pantalla:

```
Las cadenas son diferentes
```

Ejercicio 66. Creación de nombre completo a partir de apellidos y nombre

Enunciado

Desarrollar una función que, partiendo de tres cadenas (primer apellido, segundo apellido, nombre), inicialice una nueva cadena con el siguiente formato:

```
<1er Apellido> <2°Apellido>, <Inicial nombre>.
```

La función recibirá las cuatro cadenas como parámetros.

Solución

La cabecera de la función deberá incluir los cuatro parámetros, tres de ellos contendrán los dos apellidos y el nombre, mientras que el cuarto será la cadena donde se compondrá el nombre completo. A la vista del enunciado y de la funcionalidad pedida, no es necesario que la función retorne nada. Con ello la cabecera tendrá este aspecto:

```
void NombreCompleto(char Ape1[], char Ape2[], char Nombre[], char Todo[])
```

Una vez clara la cabecera, a la hora de desarrollar el cuerpo de la función bastará con copiar o concaterar lo necesario:

```
void NombreCompleto(char Ape1[], char Ape2[], char Nombre[], char Todo[])
{
  int Tam;
  strcpy(Todo, Ape1);
  strcat(Todo, " ");
  strcat(Todo, Ape2);
  strcat(Todo, ", ");
  Tam = strlen(Todo);
  Todo[Tam] = Nombre[0];
  Todo[Tam+1] = '.';
  Todo[Tam+2] = '\0';
}
```

Como puede observarse, se comienza copiando el primer apellido. Luego se concatena un espacio en blanco, el segundo apellido, una coma y un espacio en blanco.

Para la inicial, se pone el primer carácter de `Nombre` en la posición indicada por el tamaño en ese momento de la cadena `Todo`. Esto permitirá sobreescribir el final de la cadena `Todo` (donde estaba el `\0`) con la inicial. En la siguiente posición se pone el carácter `'.'` y a continuación el carácter `'\0'`, para determinar el nuevo final de la cadena.

Vídeo asociado

 En el vídeo *Funciones más habituales de librería string.h* se desarrolla este ejercicio como ejemplo en la parte final del vídeo.

http://tiny.cc/0300_45

Ejercicio 67. Función para calcular el total de letras de una cadena

Enunciado

Desarrollar una función que devuelva el número de letras que contiene una cadena que recibirá como parámetro.

Como ejemplo, la siguiente cadena:

```
char cad[80] = "Begoña, díselo, por favor.";
```

Tiene un total de 26 caracteres, de los cuales sólo 20 son letras:

0	1	2	3	4	5	6	7	8	9	10	11	12	13	14	15	16	17	18	19	20	21	22	23	24	25
B	e	g	o	ñ	a	,		d	í	s	e	l	o	,		p	o	r		f	a	v	o	r	.

Nótese que algunas letras son vocales con tílde y otras, como la ñ, no existen en inglés.

Solución

La cabecera de la función deberá incluir un parámetro de tipo cadena. Como debe retornar un número entero, la función será de tipo `int`. Con ello la cabecera tendrá este aspecto:

```
int letrasEnCadena(char Cad[])
```

En cuanto a la estrategia para resolver la funcionalidad pedida, una posibilidad interesante es recorrer toda la cadena carácter a carácter, incrementando un contador (inicializado a 0) si el carácter correspondiente es una letra:

```
...
int Total = 0;
...
for (i=0; i<strlen(Cad); i++)
   if ((Cad[i]=='a') || (Cad[i] == 'b')...)
      Total++;
...
```

El problema que plantea la solución anterior es que saldría una condición muy grande para el if, con demasiadas posibilidades a comprobar (más aún que contamos con que las letras pueden ser mayúsculas o minúsculas).

Para evitar tener que realizar tantas comprobaciones en el if nos basaremos en el hecho de que el cada elemento de la cadena es un char, y, por tanto, un elemento entero: internamente es tratado por el código ASCII asociado al carácter que representa.

Además, los caracteres que representan letras mayúsculas (con excepción de la Ñ y vocales con tilde), tienen códigos ASCII consecutivos, y lo mismo ocurre con los caracteres que representan letras minúsculas:

ASCII	Carácter	ASCII	Carácter	ASCII	Carácter
. . .		84	T	106	j
65	A	85	U	107	k
66	B	86	V	108	l
67	C	87	W	109	m
68	D	88	X	110	n
69	E	89	Y	111	o
70	F	90	Z	112	p
71	G	91	[	113	q
72	H	94	^	114	r
73	I	95	_	115	s
74	J	96	`	116	t
75	K	97	a	117	u
76	L	98	b	118	v
77	M	99	c	119	w
78	N	100	d	120	x
79	O	101	e	121	y
80	P	102	f	122	z
81	Q	103	g	123	{
82	R	104	h	124	|
83	S	105	i	. . .	

Aprovechando esta característica se puede simplificar mucho la comprobación de si un carácter es una letra:

```
...
int Total = 0;
...
for (i=0; i<strlen(Cad); i++)
  if ((Cad[i]>='a') && (Cad[i] <= 'z'))
    Total++;
...
```

Con lo que la función completa quedaría:

```
int letrasEnCadena(char Cad[])
{
    int i;
    int Total = 0;

    for (i=0; i<strlen(Cad); i++)
       if ((Cad[i]>='a') && (Cad[i] <= 'z'))
          Total++;

    return Total;
}
```

Sin embargo, si probamos el código pasando como parámetro la cadena del ejemplo anterior:

```
"Begoña, díselo, por favor."
```

La función devolverá 17, y no 20, que sería el valor correcto.

Lo que está ocurriendo es que hay tres letras cuyo valor no está en el intervalo ['a', 'z']:

0	1	2	3	4	5	6	7	8	9	10	11	12	13	14	15	16	17	18	19	20	21	22	23	24	25
B	e	g	o	ñ	a	,		d	í	s	e	l	o	,		p	o	r		f	a	v	o	r	.

Para solventar el problema de la "B", y de cualquier mayúscula en general, habría que incluir el rango de mayúsculas:

```
...
int Total = 0;
...
for (i=0; i<strlen(Cad); i++)
   if (((Cad[i]>='a') && (Cad[i] <= 'z')) ||
       ((Cad[i]>='A') && (Cad[i] <= 'Z')))
      Total++;
...
```

Para solventar el problema de letras que no se encuentran en el alfabeto inglés (como la **ñ** o las vocales con tilde) es necesario indicar explícitamente esos casos:

```
...
int Total = 0;
...
for (i=0; i<strlen(Cad); i++)
   if (((Cad[i]>='a') && (Cad[i] <= 'z')) ||
```

```
    ((Cad[i]>='A') && (Cad[i] <= 'Z')) ||
    (Cad[i]=='ñ') || (Cad[i]=='á')...)
  Total++;
```
...

Dada la entidad que toma la comprobación del if, es conveniente modularizar la solución y crear una nueva función que indique si un carácter dado es una letra o no:

```
int esLetra(char c) {
  if (((c>='a')&&(c<='z')) || ((c>='A') && (c<='Z')))
    return 1;
  else if ((c=='ñ')||(c=='Ñ')||(c=='á')||(c=='Á')||
           (c=='é')||(c=='É')||(c=='í')||(c=='Í')||
           (c=='ó')||(c=='Ó')||(c=='ú')||(c=='Ú')||
           (c=='ü')||(c=='Ü'))
      return 1;

  return 0;
}
```

Con la función esLetra declarada la función que resuelve el ejercicio sería:

```
int letrasEnCadena(char Cad[])
{
    int i, Total = 0;

    for (i=0; i<strlen(Cad); i++)
        if (esLetra(Cad[i]))
          Total++;

    return Total;
}
```

Vídeo asociado

 En el vídeo *Cálculo del total de letras de una cadena* se desarrolla completamente este ejercicio.

http://tiny.cc/0300_46

Punto clave: *Lectura de cadenas desde ficheros de texto*

Para leer cadenas desde ficheros de texto se utilizan habitualmente estas dos funciones:

`fscanf` con el especificador de formato `%s`

`fgets`

Con `fscanf` con `%s` (ejemplo: **`fscanf`**`(f, "%s", cadena); )`:

- Se lee "palabra" a "palabra": lee desde la posición actual del cursor de lectura del fichero hasta que encuentra un espacio, tabulador, salto de línea o final de fichero.
- Añade automáticamente el `\0` al final de la cadena leída.
- Devuelve `EOF` si está al final del fichero antes de leer ningún carácter.
- Pertenece a la librería estándar `stdio.h`

Con `fgets` (ejemplo: **`fgets`**`(cadena, tam, f); )`:

- Se lee "línea" a "línea": lee hasta que encuentra un salto de línea o hasta un máximo de `tam-1` caracteres (lo que ocurra antes).
- Si lee hasta que encuentra un salto de línea, el carácter salto de línea también queda incluido en la cadena leída.
- Añade automáticamente `\0` al final de la cadena leída.
- Devuelve `NULL` si está al final del fichero antes de leer ningún carácter o si se produce algún error.
- Pertenece a la librería estándar `stdio.h`

Ejercicio 68. Lectura de cadenas desde ficheros de texto con fscanf

Enunciado

Se dispone de un fichero de texto, `datos.txt` con el siguiente contenido:

```
La casa
azul.
```

Indicar qué mostrará por pantalla la ejecución del siguiente código, teniendo en cuenta que está en la misma carpeta que el fichero `datos.txt` indicado en el párrafo anterior:

```c
#include <stdio.h>
int main()
{
  char cadena[100];
  FILE *f;
```

```
f=fopen("datos.txt", "r");
if (f==NULL) {
    printf("Error abriendo fichero");
    return 0;
}

fscanf(f, "%s", cadena);
printf("1: %s\n", cadena);
fscanf(f, "%s", cadena);
printf("2: %s\n", cadena);
fscanf(f, "%s", cadena);
printf("3: %s\n", cadena);

fclose(f);
return 0;
}
```

Solución

El código anterior mostrará lo siguiente por pantalla:

```
1: La
2: casa
3: azul.
```

Hay que fijarse que cada instrucción fscanf lee una "palabra", es decir, hasta que encuentra el siguiente espacio, tabulador o salto de línea.

Notar que, al leer una cadena (%s), en la instrucción fscanf no hay que anteponer & al nombre de la variable de tipo cadena que recibe el valor leído.

Vídeo asociado

 En el vídeo *Tratamiento de cadenas en ficheros con C* se desarrolla este ejercicio como primer ejemplo en la parte inicial del vídeo.

http://tiny.cc/0300_47

Ejercicio 69. Lectura de cadenas desde ficheros de texto con fgets

Enunciado

Se dispone de un fichero de texto, `texto.txt` con el siguiente contenido:

```
La casa azul.
La maravillosa casa azul del lago.
```

Indicar qué mostrará por pantalla la ejecución del siguiente código, teniendo en cuenta que está en la misma carpeta que el fichero `texto.txt` indicado en el párrafo anterior:

```c
#include <stdio.h>
int main()
{
  char cadena[20];
  FILE *f;

  f=fopen("texto.txt", "r");
  if (f==NULL) {
      printf("Error abriendo fichero");
      return 0;
  }

  fgets(cadena, 20, f);
  printf("1: %s\n", cadena);
  fgets(cadena, 20, f);
  printf("2: %s\n", cadena);
  fgets(cadena, 20, f);
  printf("3: %s\n", cadena);

  fclose(f);
  return 0;
}
```

Solución

El código anterior mostrará lo siguiente por pantalla:

```
1: La casa azul.

2: La maravillosa casa

3:  azul del lago.
```

La primera instrucción `fgets` lee la primera línea completa del fichero, incluyendo el salto de línea (`\n`), por ello, al hacer el `printf`, hace dos saltos de línea: este salto de línea leído por el `fgets` y el salto de línea indicado por el `\n` en el propio `printf`.

La segunda instrucción `fgets` no lee la segunda línea completa del fichero porque esta tiene más de 19 (20-1) caracteres; lee por tanto solo los primeros 19 caracteres de la segunda línea.

La tercera instrucción `fgets` lee lo que resta de la segunda línea. Como esta segunda línea es la última del fichero, no lleva incluido el `\n`, por lo que la cadena leída tampoco lo lleva.

Vídeo asociado

 En el vídeo *Tratamiento de cadenas en ficheros con C* se desarrolla este ejercicio como segundo ejemplo en la parte inicial del vídeo.

http://tiny.cc/0300_47

Punto clave: *Escritura de cadenas en ficheros de texto*

Para escribir cadenas en ficheros de texto se utilizan con frecuencia estas dos funciones:

    `fprintf` con el especificador de formato `%s`

    `fputs`

Con `fprintf` con `%s` (ejemplo: **`fprintf`**`(f, "%s", cadena);`):

- Se escribe en el fichero en la posición actual del cursor de lectura.
- Permite contextualizar la cadena escrita. Por ejemplo, si se deseara escribir una cadena y que a continuación hubiera un salto de línea en el fichero, es posible hacer esto: `fprintf(f, "%s\n", cadena);`
- Pertenece a la librería estándar `stdio.h`

Con `fputs` (ejemplo: **`fputs`**`(cadena, f);`):

- Se limita a escribir la cadena en el fichero.
- No añade salto de línea tras la escritura de la cadena.
- No se puede contextualizar la escritura de la cadena: es menos versátil que `fprintf`.
- Pertenece a la librería estándar `stdio.h`

Ejercicio 70. Escritura de cadenas en ficheros de texto con fprintf

Enunciado

Indicar qué contendrá el fichero `prueba.txt` tras la ejecución del siguiente código:

```c
#include <stdio.h>
int main()
{
  char cadena[20] = "Andrea";
  FILE *f;

  f=fopen("prueba.txt", "w");
  if (f==NULL) {
     printf("Error abriendo fichero");
     return 0;
  }

  fprintf(f, "%s", cadena);
  fprintf(f, "%s\n", cadena);
  fprintf(f, "Nombre: %s", cadena);

  fclose(f);
  return 0;
}
```

Solución

El código anterior creará el fichero `prueba.txt` en la misma carpeta del código, en caso de que no existiera. Si el fichero existe borrará su contenido. A continuación, escribirá el siguiente contenido en el fichero:

```
AndreaAndrea
Nombre: Andrea
```

Como puede observarse en el resultado, `fprintf` permite contextualizar lo escrito en el fichero como se desee.

Vídeo asociado

En el vídeo *Tratamiento de cadenas en ficheros con C* se desarrolla este ejercicio como tercer ejemplo del vídeo.

http://tiny.cc/0300_47

Ejercicio 71. Escritura de cadenas en ficheros de texto con fputs

Enunciado

Dado el código mostrado a continuación, señalar qué contenido habrá en el fichero `prueba2.txt` tras su ejecución:

```c
#include <stdio.h>
int main()
{
  char cadena[20] = "Andrea";
  FILE *f;

  f=fopen("prueba2.txt", "w");

  if (f==NULL) {
     printf("Error abriendo fichero");
     return 0;
  }

  fputs(cadena, f);
  fputs(cadena, f);
  fputs("\n", f);
  fputs("Nombre: ", f);
  fputs(cadena, f);

  fclose(f);
  return 0;
}
```

Solución

Como la apertura del fichero, se lleva a cabo con `"w"` como segundo parámetro en la llamada a `fopen`, el código anterior creará el fichero `prueba2.txt` en la misma carpeta del código, en caso de que no existiera. Si el fichero existe borrará su contenido. A continuación, escribirá el siguiente contenido en el fichero:

```
AndreaAndrea
Nombre: Andrea
```

La función `fputs` no permite contextualizar lo escrito en el fichero, por lo que generalmente son necesarias más instrucciones que cuando se utiliza la función `fprintf`.

Vídeo asociado

 En el vídeo *Tratamiento de cadenas en ficheros con C* se desarrolla este ejercicio como cuarto y último ejemplo del vídeo.

http://tiny.cc/0300_47

Ejercicio 72. Obtención de una subcadena a partir de una cadena

Enunciado

Desarrollar una función que reciba dos cadenas de caracteres y dos valores enteros.

La función devolverá en la segunda de las cadenas recibidas una subcadena de la primera cadena recibida.

Dicha subcadena quedará delimitada por los dos valores enteros (índices de inicio-fin de la subcadena).

En la implementación de la función, se asume que la segunda cadena tiene tamaño suficiente para guardar la subcadena, pero debe controlar posibles errores en los índices:

- Retornará 0 si hay problemas con los índices.
- Retornará 1 si no hay problemas con los índices.

Como ejemplo, el siguiente código:

```
char c1[10] = "Adriana", c2[10];

if (subcadena(c1, c2, 2, 4) == 0)

    printf("Error en los índices");

else

    printf("%s\n", c2);
```

Mostrará por pantalla `ria`:

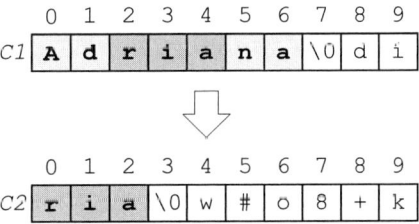

Nótese que los caracteres tras el \0 son indefinidos, pueden ser cualquiera y no influyen en la cadena (que es hasta la primera ocurrencia el \0).

Solución

La cabecera de la función deberá incluir dos parámetros de tipo cadena y dos de tipo entero. Como debe retornar un número entero (`1` o `0`), la función será de tipo `int`. Con ello la cabecera tendrá este aspecto:

```
int subcadena(char *cad, char *subCad, int ini, int fin)
```

Los parámetros de tipo cadena también se pueden indicar así:

```
int subcadena(char cad[], char subCad[], int ini, int fin)
```

En dicha cabecera los parámetros representarán lo siguiente:

- `cad`. Cadena origen.
- `subCad`. Cadena destino.
- `ini`. Posición del primer carácter a copiar.
- `fin`. Posición del último carácter a copiar.

En cuanto a la estrategia para resolver la funcionalidad pedida, una buena posibilidad es el uso de dos índices: uno para recorrer la cadena original y otro para recorrer la cadena en la que copiamos:

```
...
    /* iC será el índice de la cadena origen.
        iS será el índice de la cadena destino (subcadena). */
    int iC, iS;
    iS = 0;
    for (iC = ini; iC<=fin; iC++) {
        subCad[iS]=cad[iC];
        iS++;
    }
...
```

Con lo anterior se copiarían los caracteres adecuados, pero faltaría el carácter de fin de cadena:

```
...
    int iC, iS;
    iS = 0;
    for (iC = ini; iC<=fin; iC++) {
        subCad[iS]=cad[iC];
        iS++;
    }
    subCad[iS]='\0';
...
```

Previamente a la copia de los caracteres hay que asegurarse que los índices son coherentes. No lo serán si se cumple alguna de estas tres condiciones:

- Que el índice de inicio sea mayor que el índice final.
- Que el índice de inicio es inferior a 0.
- Que el índice final es mayor o igual a la longitud de la cadena origen.

Por ello, hay que añadir lo siguiente a la copia de los caracteres que se ha visto antes:

```
...
 /* declaración de variables */
...
 if ((ini>fin) || (ini<0) || (fin>=strlen(Cad)))
    return 0;
 /* copia de caracteres */
...
 return 1;
...
```

Hay que recordar que para utilizar la función `strlen` es necesario incluir la librería `string.h` (`#include <string.h>`).

Con todo, la función que resuelve el ejercicio sería:

```
int subcadena(char *cad, char *subCad, int ini, int fin)
{
  int iC, iS;

  if ((ini>fin) || (ini<0) || (fin>=strlen(cad)))
    return 0;

  iS = 0;
  for (iC = ini; iC<=fin; iC++) {
    subCad[iS]=cad[iC];
    iS++;
  }
  subCad[iS]='\0';

  return 1;
}
```

Vídeo asociado

 En el vídeo *Obtención de una subcadena a partir de una cadena* se desarrolla completamente este ejercicio.

http://tiny.cc/0300_48

Ejercicio 73. Sustituir caracteres de una cadena por otros caracteres

Enunciado

Desarrollar una función que reciba dos cadenas de caracteres (origen y destino), y modifique la cadena destino para que sea como la cadena origen pero sustituyendo en la misma cada espacio en blanco por la cadena "**".

La función debe devolver el número de sustituciones realizadas.

Como ejemplo, el siguiente código:

```
int main()
{
  char c1[100] = "La casa de la colina";
  char c2[100];

  printf("Espacios sustituidos: %d\n", sustituir(c1,c2));

  printf("Cadena origen: %s\n", c1);
  printf("Cadena destino: %s\n", c2);

  return 0;
}
```

Mostrará por pantalla:

```
Espacios sustituidos: 4
Cadena origen: La casa de la colina
Cadena destino: La**casa**de**la**colina
```

Solución

La cabecera de la función deberá incluir dos parámetros de tipo cadena. Como debe retornar un número entero (1 o 0), la función será de tipo int. Con ello la cabecera tendrá este aspecto:

```
int sustituir(char origen[], char destino[])
```

En relación con la estrategia para implementar la funcionalidad solicitada, una opción eficaz es utilizar dos índices: uno para iterar a través de la cadena origen y otro para iterar a través de la cadena en la que estamos copiando (destino), que indicará en todo momento la siguiente posición de destino en la que escribir:

```c
int sustituir(char origen[], char destino[])
{
  int a, b, tam, blancos;
  tam=strlen(origen);
  blancos = 0;
  b=0; /* Siguiente posición de destino en que se escribirá */
  for (a=0; a<tam; a++)
    if (origen[a] != ' ') {
      destino[b] = origen[a];
      b++;
    }
    else{
      blancos++;
      destino[b] = '*';
      destino[b+1] = '*';
      b+=2;
    }

  destino[b]='\0';
  return blancos;
}
```

Como puede verse en la solución propuesta, se recorre la cadena origen carácter a carácter, copiando el carácter que se está revisando en destino si no es un espacio en blanco. En caso de que sí se trate de un espacio en blanco, se copian en su lugar dos asteriscos consecutivos.

No hay que olvidar contar los espacios en blanco cada vez que se encuentra uno en el recorrido de origen, para poder retornar ese valor al final de la función.

Por último, hay que recordar poner el carácter fin de cadena '\0' en destino antes de terminar la función

Vídeo asociado

 En el vídeo *Sustituir caracteres de una cadena por otros caracteres* se desarrolla completamente este ejercicio.
http://tiny.cc/0300_49

Ejercicio 74. Ocurrencias de una palabra en un fichero

Enunciado

Desarrollar una función que devuelva el número de veces que se repite una palabra dada en un fichero de texto.

La función debe recibir el nombre del fichero de texto en el que buscar y la palabra.

Como ejemplo, si se considera la palabra "la" y el siguiente fichero de texto:

```
La vaca de la pradera pastaba
la hierba con calma.
Se dirigió a la granja cuando
llegó la noche.
```

En principio habría 5 ocurrencias de la palabra en el fichero.

Solución

La cabecera de la función deberá incluir dos parámetros de tipo cadena: el nombre del fichero y la palabra a buscar. Como debe retornar un número entero, la función será de tipo `int`. Con ello la cabecera tendrá este aspecto:

```
int ocurrencias(char nomFich[], char pal[])
```

Para completar el cuerpo de la función, la estrategia a seguir pasa por recuperar el contenido del fichero palabra a palabra, para lo cual es conveniente utilizar la función `fscanf` con el especificador de formato `%s`:

```
...
  FILE *f;
  char palAux[80];
  ...
      while (fscanf(f, "%s", palAux) != EOF)
...
...
```

Antes de operar con el fichero hay que abrirlo y comprobar que se ha abierto sin problemas:

```
...
  FILE *f;
  ...
  f = fopen(nomFich,"r");
  if (f) {
     while (fscanf(f, "%s", palAux) != EOF)
       ...
```

```
    ...
  }
else
    printf("Error al abrir el fichero");
...
```

Una vez se termina con el fichero hay que cerrarlo:

```
...
  FILE *f;
  ...
  f = fopen(nomFich,"r");
  if (f) {
      while (fscanf(f, "%s", palAux) != EOF)
        ...
      ...
      fclose(f);
  }
else
    printf("Error al abrir el fichero");
...
```

En el código anterior hay que fijarse que el `fclose` se pone dentro del cuerpo del `if`, y no fuera, para asegurar que el fichero se cierra solo cuando se abre correctamente.

Para contar la cantidad de ocurrencias de la palabra se utilizará una variable contador; para comprobar si la palabra recuperada del fichero en cada iteración se corresponde con la buscada se utilizará la función `strcmp` de la librería `string.h`:

```
...
int ocu = 0; /* No olvidar la inicialización */
...
    while (fscanf(f, "%s", palAux) != EOF)
      if (strcmp(palAux, pal) == 0)
        ocu++;
...
```

Tras lo anterior, sólo quedaría devolver el resultado (ocu):

```
int ocurrencias(char nomFich[], char pal[])
{
  ...
  int ocu = 0;
  ...
  if (f)
    ...
  else
      ...

  return ocu;
}
```

La función completa quedaría así:

```
int ocurrencias(char nomFich[], char pal[])
{
  FILE *f;
  int ocu = 0; /* No olvidar la inicialización */
  char palAux[80];

  f = fopen(nomFich,"r");
  if (f) {
     while (fscanf(f, "%s", palAux) != EOF)
      if (strcmp(palAux, pal) == 0)
        ocu++;
     fclose(f);
  }
  else
    printf("Error al abrir el fichero");
  return ocu;
}
```

Se puede obtener una solución igualmente válida volviendo de la función inmediatamente si se produce un error en la apertura del fichero:

```
int ocurrencias(char nomFich[], char pal[])
{
  FILE *f;
  int ocu = 0; /* No olvidar la inicialización */
  char palAux[80];

  f = fopen(nomFich,"r");
  if (f == NULL) {
    printf("Error al abrir el fichero");
    return 0;
  }

  while (fscanf(f, "%s", palAux) != EOF)
    if (strcmp(palAux, pal) == 0)
      ocu++;
  fclose(f);

  return ocu;
}
```

En esta ocasión, el enunciado no pedía retornar un valor especial (por ejemplo -1) en caso de error, pero es muy habitual que sí que se pida esto, ahorrándonos así además el mensaje de error en la apertura del fichero.

Si procedemos a probar el código anterior para el caso descrito en el enunciado:

```
nomFich = "a.txt"
pal = "la"
```

Teniendo a.txt el siguiente contenido:

```
La vaca de la pradera pastaba
la hierba con calma.
Se dirigió a la granja cuando
llegó la noche.
```

Comprobaríamos que la función retorna 4, mientras que hay 5 ocurrencias de la palabra "la".

¿Qué está ocurriendo?

Simplemente que la primera ocurrencia de la palabra no se corresponde con la palabra buscada, puesto que `"La"` ≠ `"la"`, ya que la función `strcmp` realiza una comparación sensible a las diferencias de capitalización. Esto significa que `"La"` y `"la"` se considerarían diferentes palabras.

Además, si la palabra en el archivo lleva un signo de puntuación detrás, como en el caso de `"la,"`, el código actual no contabilizará esa palabra. Esto se debe a que la función `fscanf(f, "%s", palAux)` lee las palabras junto con cualquier signo de puntuación adjunto. Por lo tanto, la palabra `"la, "` (con la coma) no será igual a `"la"` en la comparación con `strcmp`, y no se contará como una ocurrencia.

Vídeo asociado

 En el vídeo *Ocurrencias de una palabra en un fichero* se resuelve por completo este ejercicio.

http://tiny.cc/0300_50

9

Matrices

Los elementos que almacena un vector pueden ser, a su vez, vectores. En ese caso se habla de vectores multidimensionales.

Cuando se trata de vectores cuyos elementos son vectores que contienen elementos de tipo simple, se trata de vectores bidimensionales, también conocidos como matrices bidimensionales o simplemente matrices.

En este capítulo se incluirán conceptos y ejercicios relacionados con las matrices y la forma de recorrerlas y manejarlas.

También se tratarán las matrices de caracteres, que tienen la particularidad de poder tratarse en muchas de las ocasiones como vectores de cadenas.

Punto clave: *Matrices*

Las matrices puedes ser tanto estáticas como dinámicas; este capítulo se centrará en las matrices estáticas.

A la hora de declarar matrices estáticas se sigue una sintaxis similar a la de los vectores unidimensionales, pero añadiendo una segunda dimensión:

```
int mat[3][4];
```

La instrucción anterior permitiría declarar una matriz con 3 filas y 4 columnas. Las dimensiones indicadas en la declaración de la matriz tienen que ser valores constantes. Sus elementos tienen un valor indefinido, si bien también es posible dar un valor definido inicial a los elementos de una matriz en la declaración de la misma:

```
int mat[3][4] = {{7,-2,8,4}, {1,6,12,0}, {3,5,9,2}};
```

La declaración con inicialización anterior se podía haber realizado también señalando únicamente las llaves exteriores. De esta forma, la siguiente instrucción equivaldría a la anterior:

```
int mat[3][4] = {7,-2,8,4,1,6,12,0,3,5,9,2};
```

Cualquiera de las dos últimas declaraciones de `mat` crea una matriz de enteros con este contenido:

	0	1	2	3
0	7	-2	8	4
1	1	6	12	0
2	3	5	9	2

Como puede apreciarse, tanto las filas como las columnas de una matriz tienen un índice asociado 0-indexado.

Para consultar o modificar el valor de un elemento de una matriz, debe hacerse a través de los índices de su fila / columna:

```
int mat[3][4] = {{7,-2,8,4}, {1,6,12,0}, {3,5,9,2}};
mat[0][1] = 23; /* cambia el valor de -2 a 23 */
```

Punto clave: *Recorrido de matrices*

Es posible utilizar diferentes estrategias para recorrer una matriz, si bien la más habitual es recorrer primero por filas y luego por columnas:

```
int mat[3][4] = {{7,-2,8,4}, {1,6,12,0}, {3,5,9,2}};
```

Recorriéndola por filas y columnas:

Siguiendo esta estrategia será necesario anidar dos bucles, uno externo que recorrerá las filas y uno interno que recorrerá las columnas:

```
for (i=0; i<3; i++)   /* 3 filas */

       for (j=0; j<4; j++) /* 4 columnas */

       ...
```

Ejercicio 75. Recorrido de matrices en lenguaje C

Enunciado

Desarrollar las siguientes funciones:

a) Una función que reciba una matriz de enteros y el número de filas y de columnas de dicha matriz, y devuelva el valor máximo almacenado en ella.

b) Una función que reciba una matriz de enteros y el número de filas y de columnas de dicha matriz, y devuelva el valor mínimo almacenado en ella.

Solución

Ambos apartados son muy similares, se propondrá una solución para el apartado *a)* y, a partir de la misma, se propondrá la solución del apartado *b)*.

Apartado a): *valor máximo de la matriz*

Supongamos dos constantes definidas, F y C, utilizadas para indicar las filas y columnas de la matriz en el momento de su declaración. Con ello, la cabecera de la función deberá incluir los tres parámetros indicados: la matriz y sus dos dimensiones; además, debe devolver un valor entero:

```
int maxMatriz(int m[][C], int f, int c)
```

Para el cuerpo de la función es conveniente seguir una estrategia común a buena parte de los problemas que conllevan el trabajo con matrices: recorrer la matriz con un bucle anidado en otro bucle. En dicho recorrido se guardará en una variable auxiliar el valor máximo encontrado en todo momento:

```
...
 for (i=0; i<f; i++)
   for (j=0; j<c; j++)
     if (m[i][j] > max)
       max = m[i][j];
...
```

Previamente a los bucles sería necesario dar un valor inicial a max. No sería válida una solución como inicializar la variable a 0, pues podrían ser negativos todos los valores de la matriz. Una buena posibilidad es poner el primer elemento de la matriz como valor inicial de max:

```
...
 max = m[0][0];
...
```

Con todo la función completa quedaría así:

```c
int maxMatriz(int m[][C], int f, int c)
{
    int i, j, max;

    max = m[0][0];
    for (i=0; i<f; i++)
        for (j=0; j<c; j++)
            if (m[i][j] > max)
                max = m[i][j];

    return max;
}
```

Apartado b): valor mínimo de la matriz

Para este apartado valdría el código anterior, pero cambiando simplemente el > por <.

En la solución propuesta a continuación se cambiarán además los nombres de algunos identificadores por coherencia. La función quedaría así:

```c
int minMatriz(int m[][C], int f, int c)
{
    int i, j, min;

    min = m[0][0];
    for (i=0; i<f; i++)
        for (j=0; j<c; j++)
            if (m[i][j] < min)
                min = m[i][j];

    return min;
}
```

Vídeo asociado

 En el vídeo *Recorrido de matrices en lenguaje C* se desarrolla este ejercicio por completo.

http://tiny.cc/0300_51

Ejercicio 76. Suma de matrices en lenguaje C

Enunciado

Desarrollar una función que implementa la suma de matrices. La función recibirá cinco parámetros: tres matrices de elementos reales y dos valores enteros:

- Las dos primeras matrices representarán los operandos (matrices a sumar).
- La tercera matriz será donde la función debe guardar el resultado de la suma de matrices.
- Los dos enteros representarán las dimensiones de las matrices: número de filas y número de columnas.

Se asumirá que hay dos constantes definidas, FIL y COL para caracterizar las dimensiones de las matrices:

```
#define FIL 2
#define COL 2
```

En el código anterior las constantes tienen un valor de 2, pero la solución a desarrollar debe funcionar correctamente para cualquier valor entero positivo que puedan tener estas constantes.

Una vez desarrollada la función, elaborar también un ejemplo de uso de la misma.

Solución

Se va a determinar en primer lugar la cabecera de la función. Para ello hay que recordar que cuando una matriz es el parámetro de una función, es obligatorio indicar un valor al menos para la segunda de sus dimensiones (es opcional para la primera dimensión):

```
void sumaMat(float A[][COL], float B[][COL], float C[][COL],
             int f, int c)
```

En la cabecera puede verse que tanto las matrices a sumar como la matriz donde se guardará el resultado se declaran igual. Esto es así porque las matrices siempre son parámetros por referencia.

En el cuerpo de la función se deberán recorrer las matrices elemento a elemento:

```
   2  →  10
  └─>0  →   4

...
  for (i=0; i<f; i++)
    for (j=0; j<c; j++)
      ...
...
```

Dentro del bucle anidado tan solo será necesario sumar elemento a elemento, por lo que la función completa quedaría así:

```
void sumaMat(float A[][COL], float B[][COL], float C[][COL],
            int f, int c)
{
  int i, j;
  for (i=0; i<f; i++)
      for (j=0; j<c; j++)
        C[i][j] = A[i][j] + B[i][j];
}
```

Para implementar un ejemplo de uso de la función, será necesario declarar tres matrices, dando valores a los elementos de dos de ellas:

```
#define FIL 2
#define COL 2

int main()
{
  float A[FIL][COL] = {2, 10, 0, 4};
  float B[FIL][COL] = {-1, 9, 3, -5};
  float C[FIL][COL];

  return 0;
}
```

Luego hay que incluir la definición de la función y llamarla:

```
...
void sumaMat(float A[][COL], float B[][COL], float C[][COL],
            int f, int c)
{
  ...
}

int main()
{
  ...

  sumaMat(A, B, C, FIL, COL);
  return 0;
}
```

Es conveniente añadir también código que permita comprobar si funciona bien:

```
...
int main()
{
  ...
  sumaMat(A, B, C, FIL, COL);
  printf("Contenido de C:\n");
  for (i=0; i<FIL; i++){
    for (j=0; j<COL; j++)
      printf("%.2f ",C[i][j]);
    printf("\n");
  }
  return 0;
}
```

El programa completo quedaría de esta forma:

```
#include <stdio.h>

#define FIL 2
#define COL 2

void sumaMat(float A[][COL], float B[][COL], float C[][COL],
             int f, int c)
{
  int i, j;
  for (i-0; i<f; i++)
      for (j=0; j<c; j++)
        C[i][j] = A[i][j] + B[i][j];
}

int main()
{
  float A[FIL][COL] = {2, 10, 0, 4};
  float B[FIL][COL] = {-1, 9, 3, -5};
  float C[FIL][COL];
  int i, j;
```

```
sumaMat(A, B, C, FIL, COL);
printf("Contenido de C:\n");
for (i=0; i<FIL; i++){
  for (j=0; j<COL; j++)
    printf("%.2f ",C[i][j]);
  printf("\n");
}
return 0;
}
```

Vídeo asociado

 En el vídeo *Suma de matrices en lenguaje C* se resuelve este ejercicio por completo. http://tiny.cc/0300_52

Punto clave: *Matrices de caracteres*

Cuando los elementos de una matriz bidimensional son caracteres, es habitual trabajar con la matriz como si fuera un vector de cadenas, donde cada cadena es una fila de la matriz.

De esta forma este código:

```
char nombres[3][8];
char animales[4][6] = {"gato", "perro", "loro", "pavo"};
strcpy(nombres[0], "Daniel");
strcpy(nombres[1], "Adriana");
strcpy(nombres[2], "Jorge");
```

Haría que el contenido de las matrices `nombres` y `animales` fuera el siguiente:

nombres:

	0	1	2	3	4	5	6	7
0	'D'	'a'	'n'	'i'	'e'	'l'	'\0'	
1	'A'	'd'	'r'	'i'	'a'	'n'	'a'	'\0'
2	'J'	'o'	'r'	'g'	'e'	'\0'		

```
animales:

        0       1       2       3       4       5

0     'g'     'a'     't'     'o'    '\0'

1     'p'     'e'     'r'     'r'     'o'    '\0'

2     'l'     'o'     'r'     'o'    '\0'

3     'p'     'a'     'v'     'o'    '\0'
```

Ejercicio 77. Matrices de caracteres en C

Enunciado

Desarrollar una función, `tamMaxCad`, que reciba una matriz de caracteres (con una serie de nombres) y el número de nombres almacenados en la misma (es decir, el número de filas de la matriz.

A partir de los parámetros recibidos, la función debe cumplir dos cometidos: por un lado, debe mostrar por pantalla la cadena más larga de la matriz, y por otro, debe devolver el tamaño de dicha cadena.

Si la función recibe una matriz con el siguiente contenido:

	0	1	2	3	4	5	6	7	8	9	10	11	12	13	14	15	16	17	18	19
0	A	d	r	i	a	n	a		G	i	l		B	o	s	c	á	\0		
1	C	r	i	s	t	i	n	a		R	e	y		G	ó	m	e	z	\0	
2	C	a	r	m	e	l	o		C	o	t	o	n		P	i	\0			
3	A	i	t	o	r		T	i	l	l		A	h	o	y	\0				
4	J	h	o	n	n	y		M	e	n		T	e	r	o	\0				

Debe mostrar por pantalla:

```
Cristina Rey Gómez
```

y retornar el valor 18.

Solución

La función pedida, devolverá un valor entero, y recibirá dos parámetros, uno de tipo matriz de caracteres y otro de tipo entero:

```
int tamMaxCad(char nombres[][MAXCAD], int n)
```

`MAXCAD` será una constante previamente definida, de una forma similar a esta:

```
#define MAXCAD 100
```

En su lugar se podría poner también un valor numérico entero directamente (como `100`).

`nombres` es la matriz, y `n` es el número de filas de la matriz.

Para determinar la cadena de mayor tamaño habría que hacer una búsqueda de un máximo:

```
...
  int i, max = 0;
  for (i=0; i<n; i++)
    if (strlen(nombres[i])>max)
        max = strlen(nombres[i]);
  return max;
...
```

Para poder mostrar tras el bucle el nombre de la cadena más larga, nos guardaremos, además del máximo, la posición de la cadena correspondiente:

```
...
  int i, max = 0, imax = 0;
  for (i=0; i<n; i++)
    if (strlen(nombres[i])>max){
            max = strlen(nombres[i]);
            imax = i;
    }
  return max;
...
```

Solo restará, tras el bucle, mostrar por pantalla la cadena que está en la fila `imax` de la matriz:

```
...
  int i, max = 0, imax = 0;
  for (i=0; i<n; i++)
    if (strlen(nombres[i])>max){
            max = strlen(nombres[i]);
            imax = i;
    }
  printf("%s", nombres[imax]);
  return max;
...
```

Hay que incluir las librerías necesarias para poder usar las funciones strlen (librería string.h) y printf (librería stdio.h).

Con ello la función completa queda así:

```
#include <stdio.h>
#include <string.h>
#define MAXCAD 100

...
int tamMaxCad(char nombres[][MAXCAD], int n){
  int i, max = 0, imax = 0;
  for (i=0; i<n; i++)
    if (strlen(nombres[i])>max){
          max = strlen(nombres[i]);
          imax = i;
    }
  printf("%s", nombres[imax]);
  return max;
}
```

Y se ilustra su uso con el siguiente código:

```
#include <stdio.h>
#include <string.h>
#define MAXCAD 100


int tamMaxCad(char nombres[][MAXCAD], int n){
  int i, max = 0, imax = 0;
  for (i=0; i<n; i++)
    if (strlen(nombres[i])>max){
      max = strlen(nombres[i]);
    imax = i;
    }
  printf("%s", nombres[imax]);
  return max;
}


int main(){
```

```
char nombres[6][MAXCAD] = {"Daniel Gil Boscá",
      "José Gómez Gómez", "Aitana Tárraga Mínguez",
       "Andrea Gil Díez",  "Alberto Rero Grande",
       "Francisca Savio Leta"};


printf("\nLongitud del nombre más largo de la matriz: %d\n",
    tamMaxCad(nombres, 6));


return 0;
}
```

El código anterior mostrará lo siguiente por pantalla:

```
Aitana Tárraga Mínguez
Longitud del nombre más largo de la matriz: 22
```

Vídeo asociado

 En el vídeo *Matrices de caracteres en C* se desarrolla este ejercicio por completo. http://tiny.cc/0300_53

Ejercicio 78. Invertir una imagen PGM

Enunciado

A la hora de representar imágenes digitales en escala de grises, una posibilidad es representarlas como una matriz de valores enteros entre 0 (negro) y 255 (blanco), siendo cada valor un pixel de la imagen:

0	0	0	0	0	0	0	0
40	255	255	255	255	255	255	0
80	255	150	255	255	255	255	0
120	255	100	100	255	255	255	0
120	255	50	50	50	255	255	0
200	255	0	0	0	0	255	0
240	255	255	255	255	255	255	0
0	0	0	0	0	0	0	0

La matriz anterior representaría una imagen como la siguiente, donde cada pixel se representa con un cuadrado del nivel de gris correspondiente:

El formato de imagen PGM permite en una de sus posibilidades, aprovechar este tipo de representación para caracterizar imágenes en escala de grisos. Esta posibilidad pone, antes de las líneas de texto que representan los niveles de gris de cada pixel, una cabecera de tres líneas, que representan lo siguiente:

- Primera línea: cadena P2
- Segunda línea: dos enteros: número de columnas y número de filas de la imagen.
- Tercera línea: número entero que representa el máximo valor de la escala de grises. Suele ser 255.

A partir de la cuarta línea se representan los píxeles de la imagen, con una línea por cada fila.

Considerando esto, la imagen anterior se representaría (siguiendo el formato descrito) mediante un fichero de texto con este contenido:

```
P2
8        8
255
0        0        0        0        0        0        0        0
40       255      255      255      255      255      255      0
80       255      150      255      255      255      255      0
120      255      100      100      255      255      255      0
120      255      50       50       50       255      255      0
200      255      0        0        0        0        255      0
240      255      255      255      255      255      255      0
0        0        0        0        0        0        0        0
```

Se pide el desarrollo de un programa que sea capaz de leer una imagen PGM (como la descrita) de un fichero de texto de nombre `imagen.pgm`, para, a continuación, invertir los tonos de gris de la imagen y guardarla después en un nuevo fichero pgm de nombre `imagen2.pgm`.

Si la imagen fuera la representada anteriormente, el resultado generado será el siguiente:

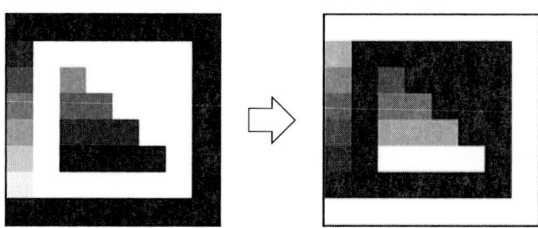

Se puede asumir que siempre se tratarán imágenes de 256 tonos de gris, y de, como máximo, 256 filas y 256 columnas.

Solución

Una buena estrategia para resolver el ejercicio sería abordar la solución desarrollando tres funciones, además de la función principal:

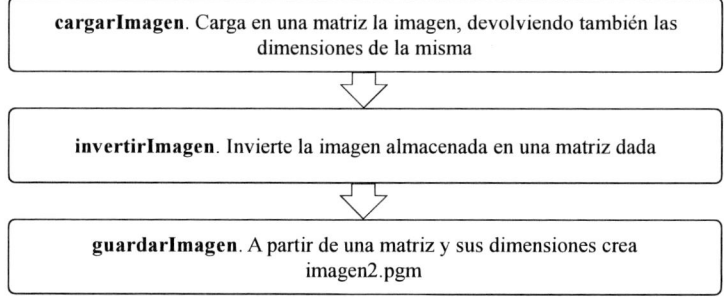

Antes de ver la implementación de las funciones de la solución propuesta, se considerará la declaración de algunas constantes, para utilizarlas en el código:

```
#define MAXF 256
#define MAXC 256
#define MAXCAD 100
```

Con estas constantes declaradas, una posible implementación adecuada para la función `cargarImagen` sería:

```
int cargarImagen(int img[][MAXC], int *nf, int *nc){
    FILE *df;
    char tipo[MAXCAD];
    int nivmax, f, c, i, j;
```

```
df = fopen("imagen.pgm","r");
if (df == NULL) return -1;

/* leer las tres primeras líneas con la cabecera */
fscanf(df,"%s", tipo);
fscanf(df,"%d%d", &c, &f);
fscanf(df,"%d", &nivmax);

/* leer en la matriz img los pixels de la imagen */
for(i=0; i<f; i++)
  for(j=0; j<c; j++)
    fscanf(df,"%d", &img[i][j]);

*nf = f;
*nc = c;

fclose(df);
return 0;
}
```

La función `cargarImagen` devuelve, mediante parámetros por referencia, la matriz con los valores de cada pixel y el número de filas y columnas de la matriz. Nótese que se crea una matriz de 256×256 valores, pero solo se utilizan las primeras filas y columnas, tantas de cada como indique el tamaño de la imagen cargada. La función retorna por otro lado -1, si hubo problemas en la apertura del fichero , o 0, si no los hubo.

La función `invertirImagen` recibe la matriz con los valores de los píxeles y las dimensiones de la imagen, invirtiendo pixel a pixel el nivel de gris de cada punto de la imagen:

```
void invertirImagen(int img[][MAXC], int nf, int nc){
  int i,j;

  for (i=0; i<nf; i++)
    for (j=0; j<nc; j++)
      img[i][j] = 255-img[i][j];
}
```

La función `guardarImagen` recibe la matriz con los valores de los píxeles y las dimensiones de la imagen a guardar, escribiendo un nuevo fichero, `imagen2.pgm` con los datos recibidos:

```c
int guardarImagen(int img[][MAXC], int nf, int nc){
  FILE *df;
  int i, j;

  df = fopen("imagen2.pgm","w");
  if (df == NULL) return -1;

  /* Escribir la cabecera del fichero */
  fprintf(df,"P2\n");
  fprintf(df,"%d %d\n", nf, nc);
  fprintf(df,"255\n");

  /* Escribir, línea a línea, las filas de la imagen */
  for (i=0; i<nf; i++){
    for (j=0; j<nc;j++)
      fprintf(df,"%d ",img[i][j]);
    fprintf(df,"\n");
  }

  fclose(df);
  return 0;
}
```

Como la función `cargarImagen`, la función `guardarImagen` retorna `-1`, si hubo problemas en la apertura del fichero, o `0`, si no los hubo.

Una vez definidas las funciones solo restaría desarrollar una función principal que las utilice para cumplir con el cometido pedido en el enunciado:

```c
#define MAXF 256
#define MAXC 256
#define MAXCAD 100



int cargarImagen(int img[][MAXC], int *nf, int *nc){
```

```
  ...
}

void invertirImagen(int img[][MAXC], int nf, int nc){
  ...
}

int guardarImagen(int img[][MAXC], int nf, int nc){
  ...
}

int main(){
  int img[MAXF][MAXC], nf, nc;

  if (cargarImagen(img, &nf, &nc) == -1) {
    printf("Error cargando imagen");
    return -1;
  }

  invertirImagen(img, nf, nc);

  if (guardarImagen(img, nf, nc) == -1) {
    printf("Error guardando imagen");
    return -2;
  }

  return 0;
}
```

Vídeo asociado

 En el vídeo *Invertir una imagen pgm* se hace una introducción al formato PGM aquí utilizado y se resuelve este ejercicio.

http://tiny.cc/0300_54

10

Estructuras

Las estructuras en el lenguaje C son tipos de datos compuestos que permiten agrupar diferentes valores bajo un mismo nombre, facilitando la organización y manipulación de datos relacionados.

Cada valor dentro de una estructura se denomina campo o miembro y puede ser de distinto tipo: entero, real, carácter, vector, cadena, …

Las estructuras son útiles para modelar entidades complejas del mundo real en programas, ya que permiten manejar colecciones de datos heterogéneos de manera unificada, mejorando la claridad y la gestión del código.

Punto clave: *Estructuras*

Una estructura nos permite caracterizar tipos de datos compuestos heterogéneos. Se caracteriza por la posibilidad de tener distintos campos o miembros. Un ejemplo de declaración de un tipo estructura es el siguiente:

```
struct dimensiones {
    float largo;
    float ancho;
    float alto;
};
```

La anterior estructura permitiría caracterizar variables con tres campos o miembros, todos ellos de tipo float. Es necesario poner el ; tras la llave de cierre de la estructura. No es obligatorio definir cada campo en una línea diferente, por lo que esta posible definición equivaldría a la anterior:

```
struct dimensiones {

    float largo, ancho;

    float alto;

};
```

Una estructura puede tener también campos de tipo estructura:

```
struct producto {

    char nombre[50];

    float precio;

    struct dimensiones dim;

};
```

Una vez definida una estructura, es posible declarar variables de tipo estructura, así como vectores o matrices cuyos elementos sean estructuras. Para acceder a los campos de una estructura se utiliza el operador . tras el nombre del elemento de tipo estructura, seguido del nombre del campo al que queremos acceder:

```
struct dimensiones {

    ...

};
struct producto {

    ...

};
int main()
{
    /* se declara una variable y un vector */
    struct dimensiones d, vd[4];

    struct producto p;

    d.largo=29.7;
    vd[0].alto=12.9;
    p.dim.largo=11.7;

    ...
    return 0;
}
```

Ejercicio 79. Caracterización de alumnos mediante estructuras en lenguaje C

Enunciado

Los datos básicos de un alumno pueden estar limitados a los siguientes campos:

Nombre. Ejemplo: Daniel

Apellidos. Ejemplo: Gil Bosca

Dirección. Ejemplo: 13, Rue del Percebe

Teléfono de contacto. Ejemplo: 555666777

Fecha de nacimiento. Ejemplo: 25 / 01 / 2004

Teniendo en cuenta lo anterior, se pide:

a) Desarrollar las estrucutras de datos necesarias para caracterizar los alumnos de una institución.

b) Implementar una función que reciba un parámetro de alumno y muestre por pantalla sus campos de forma similar a la siguiente:

```
-- Datos del alumno --
Nombre: Daniel
Apellidos: Gil Bosca
Dirección: 13, Rue del Percebe
Telefono: 555666777
Fecha de nacimiento: 25 / 1 / 2004
```

Solución

Apartado a): declaración de las estructuras de datos

Repasando los campos de los datos básicos de un alumno se obtiene lo siguiente:

Nombre. Ejemplo: Daniel -> Cadena (**char []**)

Apellidos. Ejemplo: Gil Bosca -> Cadena (**char []**)

Dirección. Ejemplo: 13, Rue del Percebe -> Cadena (**char []**)

Teléfono de contacto. Ejemplo: 555666777 -> Entero (**int**)

Fecha de nacimiento. Ejemplo: 25 / 01 / 2004 -> tres enteros

Como la fecha se representa con tres valores enteros, hay dos opciones para la misma:

- Declarar tres campos (día, mes y año)
- Declarar un campo de tipo fecha, siendo fecha una estructura que se declarará previamente con tres campos enteros (día, mes y año)

Se optará por la segunda opción: implementar primero una estructura para caracterizar fechas y posteriormente una estructura para los alumnos en la que haya un campo de tipo fecha.

La estructura `fecha` quedaría así:

```
struct fecha {
    int dia;
    int mes;
    int anyo;
};
```

Y la estructura `alumno` así:

```
struct alumno {
    char nombre[50];
    char apellidos[50];
    char direccion[100];
    int telefono;
    struct fecha fechaNacimiento;
};
```

Con lo anterior podríamos declarar variables y vectores de tipo `alumno` de esta forma:

```
struct fecha {
    ...
};

struct alumno {
    ...
};

int main()
{
    struct alumno Daniel;
    struct alumno alumnosClase[60];
    return 0;
}
```

Y se podría inicializar una variable de tipo `alumno` así (incluyendo las librerías apropiadas):

```
struct fecha {
    ...
};

struct alumno {
```

```
   ...
};

int main()
{
   struct alumno Daniel;
   Daniel.telefono = 555666777;
   strcpy(Daniel.nombre, "Daniel");
   strcpy(Daniel.apellidos, "Gil Bosca");
   strcpy(Daniel.direccion, "13, Rue del Percebe");
   Daniel.fechaNacimiento.dia = 25;
   Daniel.fechaNacimiento.mes = 1;
   Daniel.fechaNacimiento.anyo = 2004;
   return 0;
}
```

Apartado b): función para mostrar por pantalla los campos de un alumno

Una vez visto cómo se accede a los campos de una estructura, una posible solución a este apartado sería la siguiente:

```
struct fecha {
   ...
};

struct alumno {
   ...
};

void mostrarDatosAlumno(struct alumno al){
   printf(" -- Datos del alumno --\n");
   printf("Nombre: %s\n", al.nombrc);
   printf("Apellidos: %s\n", al.apellidos);
   printf("Direccion: %s\n", al.direccion);
   printf("Telefono: %d\n", al.telefono);
   printf("Fecha de nacimiento: %d / %d / %d\n",
          al.fechaNacimiento.dia,       al.fechaNacimiento.mes,
          al.fechaNacimiento.anyo);
```

```
}

int main()
{
  struct alumno Daniel;
  ...
  mostrarDatosAlumno(Daniel);
  return 0;
}
```

En la solución propuesta se ha añadido un ejemplo de llamada a la función desarrollada.

Vídeo asociado

 En el vídeo *Caracterización de alumnos mediante estructuras en lenguaje C* se resuelve este ejercicio por completo.

http://tiny.cc/0300_55

Ejercicio 80. Estructuras y funciones: sets de juego

Enunciado

La empresa fabricante de juguetes de construcción LLEGO, fabrica una serie de minifiguras que incluye en sus sets de juego. Para cada minifigura que fabrica, la empresa desea guardar la siguiente información:

- Código de la minifigura. Representado por un número entero.
- Nombre comercial de la minifigura. Cadena de hasta 80 caracteres.
- Coste de fabricación. Precio en euros que indica lo que cuesta fabricar una unidad de esta minifigura.

Por otro lado, para cada set de juego, la empresa quiere guardar esta información:

- Código del set. Representado por un número entero.
- Nombre comercial del set. Cadena de hasta 80 caracteres.
- Códigos de las minifiguras que incluye. Cada set de juego incluye 5 minifiguras.
- Coste de fabricación. Precio en euros que cuesta fabricar una unidad de este set.
- Precio de venta. Precio de venta recomendado en euros.

Considerando lo anterior, se pide:

a) Definir las estructuras necesarias en lenguaje C (minifigura y set) para almacenar los datos anteriores.

b) Suponiendo ya definidas las estructuras anteriores (`minifigura` y `set`), desarrollar una función `setsContenedores` que reciba como parámetros un vector de elementos de tipo `set`, el tamaño de dicho vector y una estructura de tipo `minifigura`.

Dicha función debe listar por pantalla los nombres comerciales de los sets del vector que incluyen la minifigura pasada como parámetro. Si la minifigura no estuviera incluida en ninguno de los sets del vector, la función debe indicarlo por pantalla.

Nota: Una misma minifigura puede estar incluida más de una vez en un mismo set, pero la función no debe mostrar el nombre de un set más de una vez.

Solución

Apartado a): declaración de las estructuras de datos

Teniendo en cuenta la información a guardar para cada minifigura, la primera de las estructuras se podría declarar así:

```
struct minifigura {
  int codigo;
  char nombre[81];
  float coste;
};
```

La cadena que permitirá guardar el nombre de la figura debe tener un valor igual o superior a 81, puesto que puede tener hasta 80 caracteres, a los que ha que sumar el carácter '\0'.

La estructura `set` se puede implementar de esta forma:

```
struct set {
  int codigo;
  char nombre[81];
  int minifiguras[5];
  float coste;
  float PVPR;
};
```

Como puede verse, los códigos de las 5 minifiguras que hay en cada set se guardan en un vector de 5 valores enteros.

Apartado b): función `setContenedores`

El enunciado dice lo siguiente respecto a la función: "*...una función* `setsContenedores` *que reciba como parámetros un vector de elementos de tipo* `set`*, el tamaño de dicho vector y una estructura de tipo* `minifigura`". A partir de ello, y considerando que la función no retorna nada, la cabecera de la misma se puede declarar de esta forma:

```
void setsContenedores(struct set v[], int tam,
              struct minifigura mf)
```

Para resolver lo pedido hay que recorrer el vector de sets, y, para cada set del vector, recorrer a su vez sus 5 minifiguras, comparando cada una de ellas con el código de la minifigura que recibe la función como parámetro. En la función se tendrán dos variables de tipo flag (valor 0 o 1):

- Una variable (en el código posterior `esta`), que servirá para saber si un set en concreto contiene la minifigura (para poder mostrar después por pantalla el nombre del set si así es).

- Una variable (en el código posterior `esta_en_vector`), que servirá para saber si algún set del vector contiene la minifigura (para poder mostrar después por pantalla el mensaje correspondiente si la figura no está en el vector).

La función completa quedaría de esta forma:

```c
struct minifigura {
    ...
};
struct set {
    ...
};

void setsContenedores(struct set v[], int tam,
                      struct minifigura mf)
{
    int i, j, esta, esta_en_vector;

    esta_en_vector = 0;
    for (i=0; i<tam; i++) {
      esta = 0;
      for (j=0; j<5; j++)
        if (v[i].minifiguras[j] == mf.codigo)
        {
          esta = 1;
          esta_en_vector = 1;
        }
      if (esta)
        printf("%s\n", v[i].nombre);
    }

    if (!esta_en_vector)
      printf("La minifigura no está en los sets del vector.\n");
}
```

Vídeo asociado

 En el vídeo *Estructuras y funciones: Sets de juego* se plantea y resuelve este ejercicio por completo.

http://tiny.cc/0300_56

Ejercicio 81. Estructuras y funciones: motores de clientes

Enunciado

En la empresa Slimer fabrican motores eléctricos para vehículos que distribuyen a distintos clientes de España. Se pide el desarrollo de cierto código en lenguaje C para ayudar en la informatización de la gestión de la misma. Se pide:

a) Definir las estructuras necesarias en lenguaje C (`cliente` y `motor`) para almacenar los datos necesarios.

   ◦ La estructura `cliente` debe permitir guardar esta información de un cliente:

   ◦ *NIF*. Número de identificación fiscal del cliente. Es una cadena de hasta 10 caracteres, del tipo: "Q-4618002B".

   ◦ *Provincia*. Valor entero que indica la provincia donde el cliente tiene la sede central.

   ◦ *Nombre del cliente*. Cadena de hasta 100 caracteres.

   La estructura `motor` contendrá los campos necesarios para almacenar los siguientes datos:

   ◦ *Identificador*. Es una cadena de un máximo de 10 caracteres, del tipo "123456789X".

   ◦ *Año de fabricación*. Valor entero que indica el año en que se fabricó.

   ◦ *Potencia*. Valor real que indica la potencia del motor en kW.

   ◦ *NIF*. Número de identificación fiscal del cliente al que se le ha vendido el motor. Es una cadena de hasta 10 caracteres, del tipo: "Q-4618002B".

b) Suponiendo ya definidas las anteriores estructuras (`cliente` y `motor`), desarrollar una función `motoresDeClientes` que recibe lo siguiente:

   ◦ Un vector de elementos de tipo cliente: `clientes`

   ◦ El tamaño del vector anterior: `tamclientes`

   ◦ Un vector de elementos de tipo motor: `motores`

   ◦ El tamaño del vector anterior: `tammotores`

   La función mostrará por pantalla los identificadores de los motores del vector `motores` que se han vendido a los clientes del vector `clientes`. Además, la función retornará la cantidad (valor entero) de motores del vector `motores` que se han vendido a los clientes del vector `clientes`.

c) En el siguiente `main` falta la llamada a la función `motoresDeClientes` para que genere la información relativa a los vectores `vc` y `vm` declarados e inicializados en el propio `main`. Completa la llamada (va en ①):

```
int main(){
    struct cliente vc[5] = {"Q-4618002B", 46, "UPV",
                "J-256784C", 2, "Roca Bezón S.L.",
                "W-1357432M", 13, "FRUCOSA",
                "A-4765311T", 47, "La Finca S.A.",
                "V-2698753Q", 26, "Macramé López"};

    struct motor vm[7]={"123456789X",2017,39,"Q-4618002B",
                "79384544A", 2017, 47, "X-9315643A",
                "332516579B", 2017, 39, "S-6413871Z",
                "134650009Q", 2018, 39, "Q-4618002B",
                "990000675B", 2018, 39, "W-1357432M",
                "413309878C", 2018, 39, "Y-1111456H",
                "25678434M", 2018, 47, "Q-4618002B"};

    /* Llamar a la función con los datos de vc y vm*/
    int aux = ☐;

    printf("Se han mostrado los id de %d motores", aux);

    return 0;
}
```

Solución

Apartado a): declaración de las estructuras de datos

Teniendo en cuenta la información a guardar para cada cliente, la primera de las estructuras se podría declarar así:

```
struct cliente {
    char nif[11];
    int provincia;
    char nombre[101];
};
```

Los campos `nif` y `nombre` deben ser cadenas con al menos un carácter más del tamaño máximo indicado, ya que hay que sumar el carácter de fin de cadena (`'\0'`).

La implementación de la estructura `motor` se puede llevar a cabo de esta forma:

```
struct motor {
    char id[11];
    int anyo;
    float potencia;
    char nif_cliente[11];
};
```

Como puede verse, en los campos de tipo cadena se sigue teniendo en cuenta que hay que sumar el carácter de fin de cadena (`'\0'`).

Apartado b): *función* `motoresDeClientes`

El enunciado indica lo siguiente respecto a la función: *"...una función* `motoresDeClientes` *que recibe lo siguiente:*

- *Un vector de elementos de tipo cliente:* `clientes`
- *El tamaño del vector anterior:* `tamclientes`
- *Un vector de elementos de tipo motor:* `motores`
- *El tamaño del vector anterior:* `tammotores`

... Además la función retornará la cantidad (valor entero) de motores...". Considerando lo anterior, la cabecera de la misma se puede declarar de esta forma:

```
void motoresDeClientes(struct cliente clientes[],
                int tamclientes,
                struct motor motores[], int tammotores)
```

En el cuerpo de la función hay que recorrer los clientes del vector `clientes` y, para cada uno de esos clientes, recorrer los motores del vector `motores`, para poder comparar dentro de ese bucle anidado el campo `nif` del cliente y el campo `nif_cliente` del motor; cuando se encuentre una coincidencia en estas cadenas se debe mostrar por pantalla el `id` del motor correspondiente y aumentar en 1 un contador inicialmente declarado e inicializado a 0.

La función completa quedaría de esta forma:

```
/* por aquí declaración de las estructuras */
    ...


int motoresDeClientes(struct cliente clientes[],
    int tamclientes, struct motor motores[], int tammotores)
{
    int i, j, iRet=0;
```

```
for (i=0; i<tamclientes; i++)
    for (j=0; j<tammotores; j++)
        if (strcmp(clientes[i].nif,motores[j].nif_cliente)==0)
        {
            printf("%s\n", motores[j].id);
            iRet++;
        }

    return iRet;
}
```

Aunque no se indique explícitamente, hay que recordar la necesidad de incluir aquellas librerías de las que se utilice alguna función; en la función anterior, por ejemplo, las librerías `stdio.h` (`prinft`) y `string.h` (`strcmp`).

Apartado c): llamada a la función `motoresDeClientes`
La llamada a la función con los datos referentes a `vc` y `vm` debe hacerse de esta forma:
`int aux = `**`MotoresDeClientes(vc, 5, vm, 7);`**

Vídeo asociado

 En el vídeo *Estructuras y funciones: motores de clientes* se plantea y resuelve este ejercicio apartado por apartado.

http://tiny.cc/0300_57

Ejercicio 82. Estructuras y funciones en lenguaje C: ejemplo de robots eléctricos

Enunciado

La empresa USRMMen, Inc. va a abrir una nueva línea de producción de robots eléctricos autónomos para entornos de materiales peligrosos. Cada robot puede trabajar en tres velocidades: 1 (normal), 2 (rápida) y 3 (ultrarrápida).

Se necesita cierto código en lenguaje C para ayudar en la informatización de la gestión de la nueva línea. Se precisa:

a) Desarrollar una estructura denominada `robot` que permita guardar la información de un robot producido por la empresa. Dicha estructura tendrá estos tres campos:

   ° ID: cadena de caracteres única, compuesta por 8 caracteres alfanuméricos, que identifica al robot.

- ◦ color: cadena de caracteres que puede tener uno de estos valores: "rojo", "verde", "naranja", "azul". El color de un robot caracteriza las áreas en las que podrá trabajar.

- ◦ tiempoTrabajo: valor entero que indica el tiempo (en segundos) que puede funcionar un robot con carga completa a velocidad 1. A velocidad 2 el tiempo que puede funcionar será la mitad. A velocidad 3 el tiempo que puede funcionar será la tercera parte. Ejemplo: un robot con un valor de 60 000 en este campo, durará 30 000 segundos a velocidad 2, y 20 000 segundos funcionando a velocidad 3.

b) Suponiendo ya definida la estructura robot, desarrollar una función llamada robotValidoEnTiempo que reciba tres parámetros de entrada: rob (de tipo estructura robot), vel (entero) y minut (entero).

La función devuelve un 1 si rob (partiendo de carga completa) puede funcionar a velocidad vel tantos minutos como indica minut. En caso contrario la función devuelve 0.

Por ejemplo, el siguiente código:

```
struct robot r = {"I8EJ3JR8", "naranja", 700};
printf("A: %d\n", robotValidoEnTiempo(r, 1, 10) );
printf("B: %d\n", robotValidoEnTiempo(r, 2, 10) );
```

Mostrará por pantalla:

```
A: 1
B: 0
```

c) Añadir una función llamada robotsEspeciales que recibe como parámetros: un vector (vrobots) de elementos de tipo estructura robot; el tamaño de dicho vector (tam); y un umbral de segundos (segundos) como un dato de tipo entero. La función debe generar un fichero de texto, al que llamaremos ids.txt, con los ID (uno por cada línea del fichero) de los robots de vrobots que son especiales y pueden trabajar a velocidad 2 más tiempo del que indica el parámetro segundos. Los robots especiales son aquellos de color rojo o naranja. La función robotsEspeciales retornará el total de ID copiados al fichero si todo ha ido bien o −1 si ha habido algún problema con el fichero. Ejemplo de uso:

```
int main(){
  int i, total;
  struct robot v[6] = {{"KALDDF8J", "rojo", 70000},
                       {"OJADF9JF", "verde", 50000},
                       {"I8EJ3JR8", "naranja", 200000},
                       {"R983M9L0", "rojo", 40000},
                       {"N7AKD8LV", "azul", 790},
                       {"J1972112", "verde", 75000}};
```

```
    total = robotsEspeciales(v, 6, 30000);
    if (total==-1)
        printf("Error en fichero.\n");
    else
        printf("Generado fichero con %d robots.\n", total);

    return 0;
}
```

Solución

Apartado a): *declaración de la estructura de datos*

Teniendo en cuenta la información a guardar para cada robot, la estructura se podría declarar así:

```
struct robot {
    char ID[9];
    char color[8];
    int tiempoTrabajo;
};
```

Los campos `ID` y `color` deben ser cadenas con al menos un carácter más del tamaño máximo indicado, ya que hay que sumar el carácter de fin de cadena (`'\0'`).

Apartado b): *función* `robotValidoEnTiempo`

Respecto a la función, el enunciado indica lo siguiente: *Añadir una función llamada* `robotValidoEnTiempo` *que reciba tres parámetros de entrada:* `rob` *(de tipo estructura robot),* `vel` *(entero) y* `minut` *(entero).*

La función devuelve un 1 si `rob` *(partiendo de carga completa) puede funcionar a velocidad* `vel` *tantos minutos como indica* `minut`*. En caso contrario la función devuelve 0.*

Considerando lo anterior, la cabecera de la función se puede declarar de esta forma:

```
int robotValidoEnTiempo(struct robot rob, int vel, int minut)
```

Para desarrollar el cuerpo de la función hay que calcular en primer lugar el tiempo máximo de trabajo (en segundos) del robot `rob` a velocidad `vel`. Posteriormente bastaría con determinar si dicho valor es mayor o igual a minut × 60 (umbral de tiempo —**en segundos**— en que se está evaluando si podrá funcionar):

```
int robotValidoEnTiempo(struct robot rob, int vel, int minut)
{
    float fTMax;
```

```
fTMax = (float)rob.tiempoTrabajo / vel;

if (fTMax>=minut*60)
   return 1;

return 0;
}
```

Hay que recordar que el campo `tiempoTrabajo` es un valor entero que indica el tiempo (en segundos) que puede funcionar un robot con carga completa a velocidad 1. A velocidad 2 el tiempo que puede funcionar será la mitad. A velocidad 3 el tiempo que puede funcionar será la tercera parte. De ahí que `fTMax` se calcule en el código como la división real entre dicho campo y el parámetro `vel`.

Apartado c): función `robotsEspeciales`

Hay que recordar qué indica el enunciado para plantear la cabecera de la función: *"...recibe como parámetros: un vector (`vrobots`) de elementos de tipo estructura robot; el tamaño de dicho vector (`tam`); y un umbral de segundos (`segundos`) como un dato de tipo entero. ... La función `robotsEspeciales` retornará el número de ID copiados al fichero si todo ha ido bien o -1 si ha habido algún problema con el fichero."*.

La función debe pues retornar un valor entero, y recibir tres parámetros: el vector, su tamaño y un parámetro entero con el umbral de segundos:

```
int robotsEspeciales(struct robot vrobots[], int tam,
                     int segundos)
```

En el código del cuerpo de la función hay que recorrer el vector, y buscar aquellos elementos del mismo que cumplan las siguientes dos condiciones:

- Su campo `color` es rojo o naranja
- Su tiempo de trabajo a velocidad 2 (campo `tiempoTrabajo/2`) es superior al indicado por el parámetro `segundos`.

Los ID de los elementos que cumplan ambas condiciones se escribirán en el fichero, y, además, iremos contando esos elementos mediante una variable contador inicializada a 0:

```
int robotsEspeciales(struct robot vrobots[], int tam,
                     int segundos)
{
   int i, contador=0;
   FILE *f;
   f=fopen("ids.txt", "w");
   if (f==NULL)
```

```
        return -1;
    for (i=0; i<tam; i++)
        if ((strcmp(vrobots[i].color, "rojo") == 0 ||
               strcmp(vrobots[i].color, "naranja") == 0) &&
             vrobots[i].tiempoTrabajo/2.0 > segundos)
        {
            fprintf(f,"%s\n", vrobots[i].ID);
            contador++;
        }

    fclose(f);
    return contador;
}
```

En el código se incluyen las operaciones de apertura/cierre del fichero donde corresponde.

Vídeo asociado

 En el vídeo *Estructuras y funciones en lenguaje C: ejemplo de robots eléctricos* se plantea y resuelve este ejercicio apartado por apartado.

http://tiny.cc/0300_58